나는 150만 원으로 10억 벌었다

나는 150만 원으로 10억 벌었다

초판 1쇄 인쇄 · 2018년 1월 05일
초판 2쇄 발행 · 2018년 1월 31일

지은이 · 박문식
펴낸이 · 김명호
펴낸곳 · 도서출판 머니플러스
편 집 · 이운영, 전형수
디자인 · 정은진
마케팅 · 김미용, 문제훈
관 리 · 배현정

주 소 · 경기도 고양시 일산동구 호수로 358-25 동문타워 2차 917호
전 화 · 02-352-3272
팩 스 · 031-908-3273
이메일 · pullm63@empal.com
등록번호 · 제311-2004-00002호

ISBN 979-11-87314-32-5 (03320)

「이 도서의 국립중앙도서관 출판예정도서목록(CIP)은 서지정보유통지원시스템 홈페이지(http://seoji.nl.go.kr)와 국가자료공동목록시스템(http://www.nl.go.kr/kolisnet)에서 이용하실 수 있습니다.(CIP제어번호: CIP2017030650)」

4차 산업혁명시대

나는
150만 원으로
10억 벌었다

박문식 지음

 MP 머니플러스

프롤로그

피자 2판으로 만 개의 비트코인을 받아서 3년 만에 60억을 번 가상화폐 비트코인 이야기는 이제는 누구나 다 아는 상식이 되었다. 이 책을 손에 쥔 독자들에게는 마치 먼 나라 남의 얘기처럼 들렸을지 모른다.

자, 이제부터 그 이야기의 주인공이 보통사람인 독자 여러분이 될 수 있다면 어떨까? 절대로 그럴 일이 없다고요? 왜 그렇게 생각할까요? 내 자신이 그 주인공이 되지 말라는 법이라도 어디 있나요?

미국의 온라인 교육기관인 TED.COM의 대표인 크리스 앤더슨이 저술한 〈TED TALKS〉란 책 서문에 "바른 생각을 올바르게 표현하면, 그 파장은 빛의 속도로 퍼져나가 수백만 명에게 각인된다." 라는 구절을 보았다. 1년 이상을 블록체인과 가상화폐 강의를 위해 전국을 다녔다. 그러면서 이제는 우리 보통사람들에게도 비트코인의 전설이야기가 실제로 나의 이야기로 다가올 시기가 우리 눈앞에 왔다는 것을 실감하고 있다.

그러나 필자는 딱히 할 일이 별로 없었다. 단지 "신경제연구소"라는 블로그 대문을 달고 거기에 간혹 짤막한 글이나 쓰면서 시간을 보내고 있었다. 그런데 보잘 것 없는 이 블로그에 1년간 약 25

만 명이 다녀가는 일이 발생하고 또 많은 사람들이 필자에게 가상화폐에 대한 문의를 하였다. 좀더 넓은 광장에 나가 가상화폐 이야기를 해야만 한다는 생각이 점점 강해지고 있었다.

그러던 차에 푸르름 출판사 대표님과 편집주간님이 "보통사람들이 쉽게 이해하고 실전에 사용할 수 있는 책을 출판해 보자."라는 제안을 하였다.

필자는 책을 출판한다는 것이 대단히 힘들다는 것을 잘 알고 있지만 그래도 내가 경험하고 깨달은 이 소중한 이야기를 독자들에게 들려주어야겠다는 신념이 생겼다. 이것이 원고를 집필하게 된 이유의 전부이다.

지금 이 순간 지구상 어디에선가 누군가는 올바른 가상화폐를 새로운 이름으로 개발하느라 구슬땀을 흘리고 있을 것이다. 그 가상화폐가 이 책을 읽은 독자들의 눈에 어떻게 다가올까 대단히 궁금하다. 분명한 것은 필자가 투자하여 많은 이익을 얻을 수 있다고 예상하는 바람직한 코인이 있다. 반드시 이와 같은 코인이 향후 몇 개 더 나올 것이다.

이 책을 읽고 필자가 얘기하는 화폐로서의 올바른 기능을 수행하는 가상화폐를 선택하여 소액을 투자해 놓는다면 누구든지 일정한 시간이 흐른 뒤 상당한 이익을 얻을 것이 분명하다.

추천사

　요즘 세상이 가상화폐 때문에 난리법석이다. 불과 1~2년 전만
해도 사기다, 거품이다 토설하며 온갖 부정적인 해석이 난무했는
데 지금은 온통 장안의 화제가 되고 있다.

　어느 날 비트코인(bitcoin)이란 것이 하늘에서 뚝 떨어지더니
세상을 들었다 놨다 하고 있다.

　인류가 한 번도 가보지 못한 새로운 가상화폐시대가 열리고 있
는 것이다. 몇 십 년만이 아닌, 수 백 년만의 변화라고 보면 이 난
리는 오히려 조금은 약한 듯싶기도 하다.

　4년 전 나는 우연한 기회에 블록체인과 비트코인을 접하게 되었
다. 당시 너무나 충격이 컸고 알려야겠다는 생각에 주변 사람들에
게 블록체인으로 인해 상상 이상의 세상으로 변할 거라고 외쳤지
만 모두 나를 이상한 눈으로 쳐다봤다. 심지어는 금융의 사이코패
스라는 등 온갖 색안경을 쓰고 쳐다보니 언젠가부터 입을 닫아버
렸다.

　바로 그때 나는 박문식 대표를 만났다. 정말 사막의 오아시스를
만난 것 이상으로 마치 미지의 미로에서 동지를 만난 듯한 기쁨은
이루 말할 수가 없었고 그 이후부터 우리는 약속을 했건 안 했건
의무적으로 일주일에 한 번은 미팅을 하고 있다.

우리의 만남은 여전히 설레고 가슴 벅찬 것은 그때 우리가 만나서 가상화폐에 따른 세상이 어떻게 변할 것이라고 거품을 물었는데 마치 우리가 스케치한 그림처럼 세상이 비슷하게 변하고 있기 때문이다.

단지 너무 빨리 오고 있어서 간혹 숨 가쁘기도 하다. 3년 전에 우리는 나중에 5년 후 쯤엔 거래소 하나 만들자고 했는데 1년 후 벌써 몇 군데 거래소가 만들어지고 말았다.

나는 박문식 대표를 좋아한다. 아니 존경한다. 그는 가상화폐를 투자나 투기적인 관점으로 절대 보지 않는다. 철저히 화폐의 진화론적 관점에서 해석하고 이를 연구, 분석하여 객관적인 시각으로 보려고 하기 때문이다. 그리고 인류는 이 새로운 화폐혁명에 어떤 마인드로 바라봐야 하는가와 이 변화의 물줄기에 발을 어떻게 담궈야 하는지 가장 기본적인 터를 닦아주고 있다.

어느 낯선 행선지에 발자국 하나 없이 온통 새하얀 눈밭이 우리 눈앞에 놓여 있다. 그런데 눈밭 아래에는 가시밭, 넝쿨, 웅덩이, 뾰족한 돌 등 어떤 위험요소들이 있는지 아무도 예측할 순 없다. 그런데 앞으로 걸어가라고 한다.

그 어떤 흔적이나 발자국 하나 없는 눈빝을 보며 사람들은 불안하고 두려워하고 있다. 박 대표는 그 맨 앞에 서있다. 그리고 이렇게 말하는 것 같다.

"아무도 장담할 수 없는 미래이지만 우리는 앞으로 나아가야 합니다. 저 역시도 아무것도 모릅니다. 하지만, 우리가 지금 행하는 것은 사명이자 세상의 순리입니다. 그 순리에 순응하며 걸어갑시다. 단지 저와 공감하고 용기 있게 같이 걸어갔으면 좋겠습니다. 이 용기의 과정이 지나면 여러분들은 상상도 못했던 희망과 꿈이 이루어져 있을 것입니다."라는 호소가 울려 퍼지는 듯싶다.

내가 박 대표를 좋아하는 이유는 자신의 주장에 큰소리를 내는 게 아니라, 같이 하나하나 짚어가면서 동행해 나가는 그의 솔직함과 순수함이 늘 논리 앞에 있기 때문이다.

또한 그는 새로운 세상에 대한 두려움과 신비로움 그리고 화폐라는 지극히 본질적인 문제로 접근하기 때문에 시대의 큰 흐름에 적극석으로 동참하는 능동적인 태도를 얘기하는 그의 모습은 늘 진지함을 넘어 우리 모두에게 설레는 과제를 던져주고 있기 때문이다.

300년 전 신대륙에 골드러시가 있었다면 지금은 가상화폐 러시가 시작되었고 쓰나미처럼 숨쉬기 힘든 속도로 다가오고 있다. 아직은 참여자보다 관망자들이 훨씬 많지만 전문가들은 이미 예고했고 그 범위까지 예측하고 있으며 이미 가상화폐의 신흥부자들이 나오고 있다.

나 역시도 향후 5년 후엔 우리나라에서도 순전히 가상화폐로 된 조만 부자들이 적어도 100여 명 이상은 나올 거라고 조심스럽게 힘주어 말하고 싶다.

가상화폐를 이해하는 데는 다소 어려움이 있지만, 지식보다는 신뢰 문제가 더 크다. 경험하지 못한 의문과 두려움 때문이다. 먼 옛날 조개껍질을 통화하다가 화폐가 처음 나왔을 때 당황했던 것처럼 가상화폐도 똑같은 상황으로 맞이하고 있다. 하지만 분명한 것은 IT의 발달로 인해 화폐의 진화과정의 팩트(Fact)이자 프로세스라는 점을 명확히 인식해야 한다.

이 책이 아직도 가상화폐가 뭔지 전혀 모르는 분들 또는 이미 알고는 있지만 온갖 '썰'에 정리가 안 되어 무중력상태에 빠져 어디에 어떻게 착지해야 할지 힘들어 하는 분들에게 분명 귀한 지침서가 될 것이라 믿는다.

아울러 화폐의 새로운 혁명기에 온 힘을 쏟고 있는 박 대표에게 친구로서 깊은 찬사와 존경심을 표하는 바이다.

김성중: 미래포럼, 은퇴설계전문가
현) ㈜TNB Group대표

차례

PART 3
어떤 가상화폐를 선택할 것인가?

PART 4
가상화폐 시장의 미래는 어떤 모습일까?

PART 7
가상화폐 투자를 올바로 이해하자

PART 8
가상화폐 관련 걱정에 대한 Q&A

PART 9
가상화폐에 대한 편견과 오해

PART 1

보통 사람들이 용기가 필요한 시대이다

인류역사는 최초의 가상화폐 비트코인의 논문이 발표되던 해인 2008년까지 약 5만 년이 흘렀다. (위키백과 현생인류 기준) 1950년에 시작된 인터넷혁명으로 인해 모든 정보가 디지털로 변하여 정보전송 비용이 0에 가깝게 수렴되자 엄청난 사회변혁을 가져왔다.

그러나 아직도 변하지 않고 아날로그로 남아 있는 것이 하나 있다. 바로 돈이다. 전 세계 모든 사람들은 돈을 벌기 위해 최선의 노력을 경주한다. 대학교에 진학하여 공부하고 직장에 들어가고 아니면 사업하고 하는 모든 것은 돈을 벌기 위함이다.

그런데 이 돈이 아날로그로 남아 있기 때문에 야기하는 문제가 수도 없이 많이 있다. 우리가 알지 못하는 사이에 피땀 흘려 번 돈의 가치가 순식간에 사라지기도 하며 경제외적인 원인에 의해 가치가 하락하기도 한다. 이것을 정확히 간파한 한 익명의 컴퓨터 기술자가 2008년 전자코인(electronic coin : Bitcoin)이란 8페이지 영어논문을 발표하고 2009년 1월에 실물을 세상에 내놓게 된다.

이 비트코인은 2016년부터 2017년을 거치면서 세계를 소용돌이 속으로 몰아넣고 있다. 하루가 멀다 하고 매스컴을 도배하는 가상화폐 뉴스에 이제는 현기증마저 날 지경이다. 주식 시황처럼 어떤 거래소는 여의도에 오프라인 거래소를 오픈하여 코인 시세판을 설치하였다고도 한다.

누구는 벼락부자가 되었다고 하고 또 누구는 사이비 코인에 큰돈을 잃었다고 하는 뉴스, 통화당국이나 검찰에서 가상화폐 문제 해결사 역할을 자처하며 나선다는 뉴스, 정말로 가상화폐가 요즘 대세라는 말이 절로 나올 지경이다.

사토시 나카모토 논문에 처음 등장한 블록체인이라는 용어가 있다. 물론 그 논문에는 전자화폐는 디지털서명을 압축한 블록의 체인이라고 되어 있다(We define an electronic coin as a chain of digital signatures). 후에 연구자들이 부르기 쉽게 블록체인이라고 보통명사화한 단어이다.

인터넷은 정보를 전송하는 프로토콜이라면 블록체인은 인터넷을 통하여 가치를 전달하고 가치를 기록하는 프로토콜이라고 할 수 있다. 바로 이 블록체인이라는 기술이 인터넷 혁명이 우리 사회를 어마어마하게 뒤바꾼 것보다 훨씬 빠른 속도로 인간이 예측하지 못한 방향으로 우리의 미래사회를 몰고 간다고 저명한 학자들은 진단하고 있다. 그래서 지금을 블록체인 혁명의 시대라고도 지칭한다.

2017년 스위스 다보스 포럼에서도 제4차 산업혁명의 핵심기술이 블록체인라는 것에 동의하였다.

인터넷 혁명시대는 우리 보통사람들보다는 잘난 사람들에게 혁명을 좇아가기를 강요하였다. 따라가지 못하거나 뒤처지면 경쟁에서 도태되기 때문이다. 혁명을 선도하는 기업이나 개인은 큰 부를 이루었고 그렇지 못한 기업은 역사에서 사라졌다. 그러나 우리 보통사람들은 기업들의 경쟁에서 나온 문명의 이기를 즐기기만 하면 되었다. 서둘러 따라가려 노력하지 않아도 되었다. 조금 늦게 그 대열에 합류해도 나에게 일어나는 것은 별로 없었다.

그런데 블록체인 혁명 시대는 인터넷 혁명 시대와는 달리 우리 보통사람들에게 행동을 강요한다. 행동하지 않으면 개인 간의 경쟁에서 도태되기 때문에 행동하지 않을 수 없다.

블록체인을 남보다 먼저 이해하고 먼저 행동하면 큰 돈을 벌 수 있고, 그렇지 않으면 상대적으로 가난해질 수 있기 때문이다. 왜 이런 무서운 일이 발생하는지 이 책을 읽고 나면 우리 독자들은 이해가 될 것이다.

인터넷 혁명은 정보를 전송하는 비용이 제로에 가깝게 만든 기술이라면 블록체인은 돈을 전송하는 비용을 제로에 가깝게 만든 기술이다. 지금은 돈을 전송할 때는 달러나 유로화를 구매히여 은행을 통해 전송하지만 블록체인 시대에는 가상화폐를 사서 개인 간에 직접 전송한다. 즉 제3자신용기관인 은행 개입 없이 돈을 전송할 수 있는 기술이 바로 블록체인이다. 그러면 아무리 먼 곳에 있다고 하더라도 휴대폰만 있으면 1분만에 돈이 전송된다. 전송비용은 0에 가깝다.

문제는 바로 여기에 있다. 역사상 이런 일은 처음이다. 어느 누구도 해본 경험이 없는 일이다. 이전처럼 누구한테 배워서 하기에는 시간이 촉박하다. 그리고 배우고 싶어도 가르쳐 줄 사람이 없다.

가상화폐를 채굴(발행)하는 일은 보통사람들이 해야만 한다. 애플이나 삼성 같은 대기업이 할 수 있는 일이 아니다. 역사적으로 금이 화폐로 인식되고 금광이 발견될 때도 일부 전문가나 자본가 등에 의해 독점적으로 발굴됐다. 법정화폐가 일반적으로 통용될 때는 국가의 중앙정부가 발행권을 독점하였다.

가상화폐의 발행은 금광에서 금을 캘 때 사용하는 단어, 채굴이란 용어를 그대로 사용한다. 가상화폐의 채굴을 보통사람들이 해야만 한다. 일부 자본가나 대기업에 의해 독점당할 수가 없다. 독점당하면 그것은 가상화폐의 노릇을 할 수가 없다.

그러므로 우리 보통사람들이 행동해야만 한다. 옆에 있는 사람은 행동해서 큰 부자가 되었다면 행동하지 않은 나는 상대적으로 엄청 가난해진다는 의미를 내포하고 있다.

가치를 알아보고 행동한 사람과 가치를 모르고 가만히 있는 사람과의 격차가 사소하다면 행동하지 않아도 될 것이다. 인터넷 시대에는 먼저 행동한다는 의미는 내가 먼저 돈을 사용한다는 의미이다. 그러나 블록체인 시대는 내가 먼저 행동하지 않으면 나는 가난해진다는 의미이다.

남미 페루의 쿠스코 지역을 중심으로 1533년까지 찬란한 잉카문명을 이룩했던 잉카족은 금의 화폐가치를 발견하지 못하였다. 그 결과로 인해 비참한 문명의 종말을 맞게 된다. 잉카족들이 금을 장신구로만 인식하고 있다는 것을 알아차린 스페인 장군 프란시스코 피사로에게 멸망을 당한다.

피사로에게 생포된 잉카 황제는 자신이 감금된 방을 가리키면서 자신을 풀어주면 그 방을 황금으로 채우겠다고 하였다. 피사로는 이것에 동의하였고 그 이후로 계속 황금을 상납받게 되었다. 하지만 피사로는 황제가 풀려나면 대대적인 공격을 받게 될 것을 알았으므로 어느 정도 몸값을 받은 시점에서 황제를 가톨릭으로 개종을 하고 교수형에 처하게 될 것인지, 아니면 개종하지 않고 화형에 처하게 될 것인지 선택하게 했으며 황제는 전자를 선택했다.

〈출처 : https://namu.wiki〉

잉카족들이 금의 재산적 가치가 있다는 것을 알고 있었다면 순순히 모든 금을 갖다 바치며 침략자들이 날뛰게 놔두지 않았을 것이다. 단순 장신구로만 알았던 잉카족들은 금을 가져다주면 스페인 군대가 물러갈 것이라고 생각하였다고 한다. 금을 얻기 위해 목숨을 걸고 싸우는 스페인 군대에게 잉카족들이 이길 수가 없었을 것이다.

동일한 금을 놓고 한 쪽은 가치를 알아보고 대서양을 건너 목숨을 걸고 약탈을 하는 쪽과 단순 장신구로만 알고 어리석게 행동한 쪽 어느 쪽에 설 것인가? 우리는 이제 답을 해야 한다.

2009년 비트코인이 처음 나왔을 때 모든 사람들이 말도 안 되는 사기라고 생각했다. 그때가 바로 대박의 첫 기회가 왔을 줄을 누가 알았겠는가? 그때는 몰랐으니 어쩔 수가 없다고 하더라도 그럼 향후 이런 기회가 다시 온다면 어떻게 할 것인가?
자,
그럼 우리 보통사람들은 어떻게 하면 좋을지 심도 있게 고민해 보자.

피자 2판 팔아서 500억 원 번 비트코인 스토리

비트코인 개발자가 2009년 비트코인을 세상에 내놓으며 이 코인이 금, 달러를 대체하여 세계 기축통화가 될 것이라 밝혔다. 그러나 아무도 그 말에 귀 기울이지 않았고 몇은 사기라고까지 했다.

시간이 지나면서 컴퓨터 전문가들 사이에서 하나둘씩 사용자가 증가해 가고 있었다. 그들 또한 비트코인이 화폐가 되리라고는 생각하지 않았다. 단지 개념이 생소하고 혹시 컴퓨터 게임머니라도 쓸 수 있지 않을까 하는 생각으로 조금씩 컴퓨터상에서 채굴이라는 행위를 하여 획득했다.

2010년 5월에 Lazzlo라는 아이디를 가진 사람이 비트코인 커뮤니티 게시판에 다음과 같이 글을 썼다.

"피자 몇 판과 10,000 비트코인을 교환할 용의가 있습니다. 라지 사이즈 피자 2판 정도면 될 것 같습니다. 남겨두었다 다음날 먹어도 되니까요. 전 그렇게 먹는 걸 좋아합니다. 직접 피자를 만들어 오시거나 아니면 제가 있는 곳으로 배달을 시켜 주시면 됩니다. 저는 단지 제가 직접 만들거나 주문하는 번거로움 없이 편하게 피자를 먹고 싶은 것뿐입니다. 호텔에서 조식을 시켜먹는 것처럼 말입니다. 심하게 특이한 생선 같은 토핑이 올라가지 않는다면 상관없습니다. 관심이 있는 분은 연락주십시오.

감사합니다.　　　　　　　　　　　　　　　　　　-Lazzlo."

이것이 비트코인과 실물이 처음 교환되는 역사적 사건이다. 지금도 비트코인 커뮤니티에서는 이날을 '피자데이'라고 기념한다. 그날이 바로 5월 22일이다. 피자가게 주인이 2014년에 이 비트코인을 60억 원에 팔아 어마어마한 파장을 불러 일으켰다. 평범한 피자가게 주인이 무엇을 알아서 이렇게 된 것이 아니다. 개념이 생소하고 재미있어서 10만 원 상당의 피자를 배달해 주었을 것이다.

피자가게의 주인도 비트코인을 가지고 있다는 사실을 잊고 있다가 2013년부터 가격이 치솟기 시작하여 세상이 떠들썩하자 배달 후 받아 놓은 비트코인이 있다는 것을 깨달았다고 한다. 아마 지금 매각을 했으면 거의 500억 원에 가까운 어마어마한 돈이다. 인류 역사상 이만큼 단기간에 이익이 많이 난 장사는 없었을 것이다.

대학생이 3만 원으로 10억 원 번 비트코인 스토리

2009년, 노르웨이 태생인 코흐(Kristoffer Koch)는 암호화 기술과 관련된 논문을 작성하고 있었다. 논문 작성 중에 암호화 형태로 운영되는 새로운 통화인 비트코인을 접하였다. 그는 150 노르웨이 크로네, 한화 약 3만 원 정도를 들여 5,000 BTC를 구입하였다. 그리곤 비트코인에 대해 까맣게 잊어버렸다.

4년이 지난 2013년 10월, 비트코인 가격이 1 BTC에 20만 원까지 오르자 언론의 주목을 받았고 그의 귀에도 들려왔다. 자신이 비트코인을 구입했던 것을 기억해 내고 한동안 열어보지 않았던 전자지갑을 열어 예전에 구입한 5,000 BTC가 온전히 지갑에 있음을 확인했다.

약 3만 배에 달하는 폭등으로 그는 3만 원으로 10억 원을 번 벼락부자가 되었다. 2013년 10월 29일 각종 언론에 소개된 그의 이야기는 비트코인에 대한 일반인의 호기심을 자극하는 데 큰 역할을 했다.

〈사진 출처 : https://www.youtube.com/watch?v=lGvmUnH9xCM&t=310s〉

평범한 대학생이었던 이 젊은 남학생이 무엇을 알고 이렇게 했겠는가? 필자가 그 당시를 추론해 본다면 대학 졸업논문으로 비트코인 관련 주제를 다루었는데 친구들의 놀림에 못 이겨 체면 세우느라 3만 원만 투자하였을 것이다. 당시 3만 원이 대학생에게 무슨 큰 돈이었겠는가?

이렇게 대박이 날 줄 알았다면 3만 원만 투자했겠는가?

보통사람들에게 찾아온
대박 첫 기회

　인류역사상 처음으로 우리 같이 보통사람들에게도 대박을 터트릴 기회가 찾아왔다. 그 기회가 무엇일까? 기회는 타이밍 싸움이다. 보느냐 못 보느냐의 문제이기도 하다. 누가 먼저 보느냐도 중요하다.

　인류의 역사는 진보하는 방향으로 변한다고 생각할 수 있다. 진보란 효율성을 추구하는 방향이다. 인간이 돈을 버는 방법이 혁명이라는 이름으로 변해온 것을 우리는 잘 안다.

　석기 혁명, 철기 혁명, 산업 혁명, 인터넷 혁명 그리고 블록체인 혁명의 순으로 변해왔다. 돈을 버는 방법이 이전의 방법과 완전히 다른 새로운 방법이며 이전에 비해 획기적으로 돈을 많이 버는 기술의 진보를 우리는 혁명이라고 이름을 붙이는 것 같다.

그런데 블록체인 혁명 이전의 혁명에서 우리 보통사람 개인들이 돈을 벌 수 있는 기회는 그렇게 크게 주어지지 않았다. 오히려 자본가나 중앙정부가 부자가 되는 기회를 만들어 준 것이 인터넷 혁명까지의 일이다. 산업혁명을 거쳐 빈부의 격차가 커지면서 노동투쟁을 통해 노동자들의 권익이 많이 신장되었다. 인터넷 혁명을 거치며 빈부 격차는 오히려 더욱 심화되고 고착되어 가고 있다.

그러나 블록체인 시대는 이전과는 완전히 다르다. 가치를 교환하는 거래에서는 신뢰를 창조해야 한다. 지금까지는 권위가 있는 제3자 신용기관이 신뢰를 창조했다. 그렇다 보니 신뢰를 창조하는 쪽이 더욱 많은 부를 가져가는 것은 당연하다.

신뢰를 창조하는 신용기관은 한국은행을 비롯한 시중은행, 각 카드회사 및 대기업들이었다. 이들이 만들어낸 신용을 바탕으로 우리는 상거래를 하며 돈을 벌면서 살아왔다. 그래서 일반 대중들이 큰 부자로 변신하기에는 거의 실현 불가능한 시대에 살고 있다.

블록체인 시대에는 보통사람들끼리 신뢰를 만들어간다. 대기업이나 은행이 신뢰를 만들 수 없다. 이 말은 지금까지의 지식이나 패러다임으로 이해하기 대단히 어려운 말이다.

세상에 말로 설명 못한 일이 없다. 그리고 우리의 두뇌로 이해 못할 일도 없다. 단지 이전의 지식을 바탕으로 한 나의 기준이 나를 억누르게만 하지 않는다면 말이다.

말도 안 되는 소리라고 단정하여 옆으로 밀어 놓는다면 이해를 못할 것이고, 무엇 때문에 그렇게 되는지 한번 파헤쳐 보자 하는 마음이라면 누구든 이해할 수 있다. 알고 나면 단순하지만 알기 전에는 대단히 어렵다.

지구가 태양을 돌고 있다는 사실을 알기 전에는 납득하기 어렵고 고통스러운 일이었다. 하지만 알고 나면 가장 단순한 일이다. 그렇다. 바로 세상살이는 이렇게 단순하다. 아는 사람과 모르는 사람은 종이 한 장 차이다.

그 종이 한 장이 100억 부자가 되느냐 마느냐를 판가름하는 기준이 된다면 우리는 어떻게 해야 할까?

앞에서 비트코인 피자집 주인과 대학생 사례를 보았다. 이 세상 어느 누구도 그렇게 되리라고 생각한 사람은 존재하지 않았다. 지금은 블록체인과 가상화폐가 지식으로 체계화되어 있다. 그래서 이해하기가 훨씬 쉽다. 비트코인 같은 대박 기회가 우리에게 반드시 다시 온다. 아니 더 큰 기회가 올 수도 있다. 비트코인은 시작에 불과했을지도 모른다.

그래서 우리는 더욱 집중해야 한다.

유명 대학교 교수가 쓴 책을 판단의 기준으로 삼아 나를 지식의 노예로 만들어서는 안 된다. 네이버나 구글에 나온 기사나 글을 나의 머리에 이고 살아서도 안 된다.

우리는 당연한 것처럼 보이는 것을 당연한 것으로 받아들이고 살고 있지는 않는가? 그럴 듯한 아니 익숙한 것이 맞다고 받아들이지는 않는가?

화폐는 반드시 중앙정부에서 발행해야만 된다고 믿으며 살고 있지는 않는가? 민간이 화폐를 발행하면 문제 있다고 생각하고 있지는 않는가? 문제가 있으면 그것을 극복할 방안은 없는가?

마음과 머리를 비우고, 자 이제 서서히 보통사람들에게 찾아온 첫 대박 기회를 내 것으로 만들어야 한다. 그 통찰력을 얻기 위한 행진을 이 책과 같이 동행하기를 강력히 추천한다.

ELECTRONIC COIN

필자의 가상화폐
투자일기

하나!
정보의 가치를 알아 보다

2016년 5월은 나의 인생을 완전히 뒤바꾸는 한 달이 되었다. 당시 블로그 쓰는 법을 익히기 위해 지인들과 함께 그룹스터디를 서울 강남의 어느 학습장에서 진행하고 있었다.

며칠이나 다녔을까, 내 옆 짝꿍이,

"형님, 비트코인이라는 것이 요즘 60만 원 한다는데 혹시 들어 보신 적은 있어요?"

이렇게 불쑥 내뱉는다.

필자는 대학을 졸업하고 국내 대기업 전자회사 마케팅 부서에

근무하며 인터넷 혁명의 한복판에 서서 세상의 변화를 실감하며 살아온 이력이 있다.

또한 데이터베이스 마케팅을 공부하며 IT에 남다른 식견을 유지하며 디지털 산업분야에 꾸준한 관심을 가지고 살아왔다. 언젠가 신문에서 잠시 비트코인이란 것을 본 적이 있는 듯해서

"아니 벌써 가격이 그렇게나 올랐어?"

하고 순간적으로 대답했다.

나에게 질문한 그 친구는 홍대 앞에서 조그마한 일식집을 운영하는 사장님이다. 그 친구는 내가 살아온 과정을 알 수 없었기 때문에 나의 반응에 조금 놀라는 기색이 분명했다. 많은 사람들에게 얘기해도 알아듣지 못하는 얘기를 그의 기대와 다른 방향으로 역질문을 하니 놀라는 것은 당연하다.

그날 귀가 후 바로 인터넷 서핑을 시작해서 자료를 모았다. 블록체인이라는 용어가 대단히 생소했는데 그것의 개념을 알고 나자, 나는 눈이 휘둥그레지지 않을 수 없었다. 돈(가치)을 인터넷으로 전달하는 비용이 거의 제로에 가깝고 가치를 기록하는 방법이 인터넷 IT시대와는 완전히 다른 방향으로, 혁명적으로 변하는 것이었다.

가치를 전달하는 데 지금은 은행이라는 제3자 신용기관을 통해 달러를 사서 송금한다. 그래서 비용이 많이 들고 시간이 오래 걸리는 근본적인 문제를 안고 있다.

블록체인 혁명시대에는 달러 대신 가상화폐 즉 비트코인을 사서 송금을 하면 단 10분 만에 비용은 거의 제로에 가깝게 해외로 송금을 할 수 있다. 한정된 비트코인 수량 2,100만 개가 최대 발행량이다. 이런 희소성이 있는 비트코인을 사서 송금하는 사람이 많으면 비트코인 가치가 올라갈 수밖에 없다는 경제논리가 작용한다.

인터넷 상에서 화폐 기능을 완벽히 수행할 수 있는 인터넷 금을 발견한 것과 동일하다. 시간이 지나면서 비트코인의 유용성이 있기 때문에 찾는 사람들이 많아지면 그 가치는 올라갈 수밖에 없다. 남들은 잘 모를 때 그 가치를 미리 알아보고 기회를 먼저 잡는 것이 중요하다는 사실을 간파했다.

그럼 나는 어떻게 이 기회를 내 것으로 만들 것인가?

먼저 비트코인을 가지고 돈을 벌 수 있는 기회를 모색해 보자.

비트코인을 거래소에서 살까 아니면 채굴을 할까 고민하고 비트코인을 가지고 돈을 벌 수 있는 방법을 곰곰이 생각해 보았다. 2016년 5월경 약 60만 원 전후로 빗썸이나 코인원 등의 거래소에서 거래가 되고 있었다. 이미 가격이 너무 높아서 필자의 주머니 사정으로는 그것을 살 엄두가 나지 않아 바로 포기했다.

그 당시 가격이 40만 원으로 떨어지기도 하고 또 어떤 전문가들은 적당한 비트코인의 가격이 약 60만 원 정도라고도 하니 이미 천정에 와 있다는 생각도 들었다.

그러면 채굴을 해 볼까 하고 방법을 생각해 보았다. 그러나 비트코인 난이도가 이미 너무 높아져서 비트코인 하나 얻는 데 300만 원 이상의 채굴비용이 들어가고 있었다.

그런데 이상한 일을 하나 발견하였다. 비트코인의 난이도가 이렇게도 높은데도 해쉬오션 등 채굴전문대행기업(마이닝 풀 ; minig pool)들이 회원들을 모집하고 있었다. 논리적으로 앞뒤가 맞지 않는 일이다. 마이닝풀이 비트코인을 채굴해서 돈을 벌 수 없는데 어찌 사람들에게 채굴에 돈을 투자하라고 하는가?

아니나 다를까 그로부터 2개월 후인가 70만 명의 회원이 있던 해쉬오션이라는 마이닝풀이 문을 닫고 먹튀를 하였다.

인기 채굴업체 "해쉬오션"이 12일넘게 잠적했습니다. 사실상 먹튀 입니다. 전세계 7곳 채굴장운영 회원수 약70만명을 보유해서 피해액은 클것으로 판단됩니다.

주요 대형 채굴 업체 중 하나인 '해시오션(HashOcean)'이 전 세계 70만 명의 회원들로부터 받은 투자금 수십억 원을 들고 잠적해 논란을 일으키고 있습니다.

회원들로부터 투자금을 받아 전 세계 7곳의 채굴장을 운영해 온 해시오션은 지난달 21일부터 지금까지 12일째 접속 불능 상태입니다. 같은 날 공식 유튜브 채널과 페이스북 페이지도 함께 사라져 투자자들 사이에서 스캠이 아니냐는 의혹도 불거졌습니다.

5일째 되던 날 운영자가 "해킹 공격으로 인해 도메인이 판매 중으로 전환됐다."며 "채굴 설비들은 모두 안전하며 일일 수익 분배는 예전과 다름없이 지급될 것이다."라고 해명했습니다.

그러나 지금이 이뤄지지 않은 채 운영자가 잠적하자 회원들은 온라인 청원서를 제출하여 FBI, CIA, 인터폴 등 범죄 수사기관에 의뢰를 요청했습니다. 현재까지 3개의 청원서가 제출된 가운데 회원들은 피해자들을 위한 페이스북 페이지를 개설하여 단합을 촉구하고 있습니다.

이에 화이트 해커 단체 카이퍼테크(Kypertech)는 30일 코인텔레그래프를 통해 달아난 운영자들의 신상과 도난된 비트코인을 확보하는 중이라고 주장했습니다. 단체에 따르면 현재 43명의 해커가 협력하여 해시오션이 운영했던 7개 데이터센터 중 3개의 위치를 확보하며 FBI와 인터폴에 자료를 넘겨 공조수사를 의뢰했다고 전했습니다.

출저 - 코인원

이 또한 만만하게 일반 보통사람들이 접근할 시장이 아니라는 것을 알게 되었다. 코인마켓(http://coinmarketcap.com)이라는 도메인에 들어가 보면 수백 개의 코인 이름이 올라와 있다. 그중에 이더리움이 눈에 띄었다.

가격도 7~8천 원 하며 개발자가 부테린이라는 유명한 젊은 IT 전문가이고 이더리움 블록체인은 비트코인 블록체인을 조금 개선하여 스마트컨트랙이라고 하는 기능을 수행하여 향후 블록체인의 확장성을 보여준다. 그래서 이더리움을 가지고 이리저리 고민하던 차에 대형사건이 발생했다.

이더리움 재단의 운영시스템이 해킹당하여 600억 원이나 되는 이더리움이 도난당하는 사건이 발생했다. 이더리움은 즉시 하드포크라는 것을 실행하여 기존 코인을 사용하지 못하게 하고 새로운 블록체인으로 변경하는 작업을 한다는 것이다.

그래서 마음을 접고 기다리던 차에 한국에도 대형 마이닝풀이 생겼다는 신문 기사를 보고 홈페이지를 들어가 봤다. 전북 군산에 이더리움을 전문적으로 채굴하는 이더리아라는 마이닝풀이 생겼다. 채굴장의 규모가 대단히 컸다. 제1공장부터 3공장까지 이미 지어져 있는 대형 채굴장이었다.

전화를 걸어 수익성을 상담했는데 당시 채굴기 2대를 500만 원에 구입하여 설치하면 한 달에 10개 정도 채굴수량이 나온다고 했다. 당시 가격으로 환산하면 15개월 전후에 투자비가 빠지겠다 싶었다. 2년간 기계를 무상 보증한다고 한다.

앞에 말한 대로 해쉬오션 같은 마이닝풀 회사가 도산할 수 있다는 경험을 하였고, 이더리움 채굴 난이도가 올라가서 수익성이 없어질 수도 있겠다 싶어서 투자를 포기했다.

아니나 다를까 마이닝풀 이더리아도 2017년 6월에 도산하여 문을 닫는 일이 발생했다. 2015년 당시 필자가 운영하는 신경제연구소라는 블로그에 이더리아의 미래를 예상해서 썼던 글이 현실로 다가왔다.

당시 신문 기사에서나 채굴기업 영업맨들은 향후 이더리움이 2016년말경 5만 원 이상 가격이 올라 갈 것이라고 예측하였다.

이더리아 홈페이지 주소와 채굴공장

하지만 그 이후로도 2번인가 더 디도스 공격을 받아서 하드포크를 실행하였다. 감히 어느 누가 이더리움의 미래 가치를 장담할 수 있겠는가?

그리고 보통사람들에게 500만 원 이상은 상당히 큰돈이다. 채굴에 투자하여 돈을 벌라고 안내하는 사람들한테는 작은 돈일 수도 있겠지만 말이다. 비트코인 피자집 주인처럼 유용성이 높은 코인을 초기에 제대로 알아보고 100만 원 정도의 소액으로 몇십 억을 벌 수 있는 안목이 필요하지, 돈을 많이 가지고 투자하는 것이 필요하지 않다.

바람직한 가상화폐가 세상에 처음 태어나면 일반인들이 잘 모를 것이다. 당연히 낮은 단가에 취득할 수 있는 기회가 있다. 물론 그 가치를 알아본다는 안목을 가지고 있다는 전제하에 말이다.

채굴에 참가하든 아니면 어떤 사람이 자기 코인의 가치를 알아보지 못하고 저가에 거래를 제안하는 것을 물건을 주고 바꾸든 나의 전자지갑(e-wallet)에 가지고 있으면 그만이다.

이 코인의 유용성이 높아 시간이 지나면서 사용자들이 증가하면 수요가 증가한다는 뜻이며, 수요가 증가하면 한정된 코인의 가치는 무조건 올라갈 수밖에 없다는 단순한 논리이다.

지금 당장 현금으로 거래가 된다, 안 된다가 중요한 것이 아니다. 거래소에서 거래가 되느냐 아니냐도 중요한 것이 아니다. 어떤 유명한 IT전문가가 개발했느냐도 중요한 것이 아니다. 또 무슨 대기업 이름으로 개발되었느냐도 중요하지 않다.

그 코인이 화폐적 기능을 얼마나 잘 수행하느냐가 가장 중요하다. 바로 이것을 코인의 유용성이라고 한다. 유용성이 높은 코인을 제대로 파악할 수 있는 안목을 가지고 있기만 하면 끝이다.

코인의 유용성에 대해서는 뒤에 자세히 설명할 것이다.

둘! 드디어 1년 만에 10억의 가치를 가슴에 품다

이렇게 가상화폐를 가지고 깊이 고민하고 정보를 탐색하던 중 나에게 비트코인을 얘기했던 지인이 또 어느 날 인터넷에 떠도는 정보라며 원코인이라는 것이 있다고 한다.

자기 지인들 중에 원코인에 투자한 사람도 있는데, 또 인터넷에서는 금융 다단계 사기라고 하는 글도 많다고 한다. 필자에게 이런저런 설명을 하는데 지인의 설명으로는 쉽게 납득이 되지 않는다. 지금껏 내가 공부하고 생각하던 방식과는 확연히 다른 개념이 몇 개 있고 마케팅의 방법도 네트워크를 사용하는 코인이어서 더욱 어려웠다.

그런데 블록체인 속도, 금융실명제 그리고 블록체인 감사 이런 얘기가 있었다. 다른 코인에서는 없던 개념이었다. 당시 비트코인이나 이더리움의 거래처리 속도를 얘기하는 사이트는 어디에도 없었고 특히나 금융실명제(KYC)를 얘기하는 코인은 단 하나도 없었다. 이런 개념들이 나의 호기심을 자극하기에 충분했다.

그래서 원코인 도메인에 들어가 자료를 검토하며 시간을 보내기 시작했다. https://onecoin.eu라는 도메인을 전체적으로 한 번 쭉 훑어보았다. 이 도메인을 검토하면서 당시 필자가 느낀 것은 기존 코인과는 확실히 달랐다. 회사가 추구하는 방향이 있고 철학이 존재하며 어떤 문화를 만들어 가는 코인 플랫폼을 지향하는 시스템을 가지고 있다는 것이었다.

일반인들의 눈에는 쉽게 보이지 않는 것일 수가 있다. 필자는 수많은 도메인과 글을 보면서 전체적인 맥락을 짚는 감각으로 가상화폐라는 것이 바로 이런 것이구나 하는 것을 금방 알게 되었다.

비트코인, 이더리움 도메인과 원코인 도메인을 수없이 비교하면서 가상화폐의 유용성이 무엇인지, 왜 중요한지, 그리고 앞으로 가상화폐가 어떤 방향으로 전개될지 고민하며 통찰력을 얻었다.

그러나 나에게는 당장 투자할 돈이 없었다. 할 수 없이 그 지인에게 150만 원을 빌려 원코인 채굴에 투자하였다. 원코인 채굴은 다른 코인들과 동일한데 원코인 본사가 마이닝풀을 차려 놓고 채굴프로그램을 개발하여 채굴기 구입가격과 같은 방법으로 채굴한다. 시간이 지나면서 난이도가 상승하고 그에 따라 채굴되는 코인의 양을 수학적으로 계산할 수 있게 되어 있다.

그렇게 채굴을 시작하게 된 원코인이 필자의 전자지갑에는 현재 50,000개가 있다. 원고를 쓰는 지금 2017년 10월 20일 원코인 하나에 15.95유로(한화 약 2만 원)이면 대충 한국 돈으로 약 10억 원의 가치를 가지고 있게 된 것이다.

아마 이 책의 원고를 탈고하여 출판할 쯤이면 원코인이 개당 3만 원의 가치까지 올라갈 수도 있다. 원코인의 가치는 채굴 참가자들의 숫자가 늘어 채굴량이 늘어나는 수요의 증가에 따른 가치 증가로 프로그램되어 있다. 그래서 미래 가치를 채굴참가자 숫자와 비교하여 대충 가늠해 볼 수 있다.

내가 여기에서 가치라고 한 것은 이유가 있다. 지금 현재로선 원코인 50,000개를 나에게 10억 원을 주고 사가지고 갈 사람은 지구상 어디에 한 사람도 없다. 그런데 어떻게 가치를 가지는가? 바로 상거래에 사용되기 시작했기 때문이다.

이탈리아의 어떤 호텔에서는 스테이크를 원코인 4.54개를 받고 740인분을 2개월에 걸쳐 팔았으며, 루마니아 어떤 렌트카 회사는 벤츠 E-Class를 기사가 운전해 주는 조건으로 4시간 동안 원코인 38개를 받고 대여하는 서비스를 하고 있다.

그리고 폴란드에서는 폭스바겐 등 차량 200여 대를 현지 판매가격 중 절반을 원코인으로 받고 나머지를 자국 화폐로 받는다는 행사를 실시한다고 발표했다. 불가리아의 한 자동차 판매상은 기아자동차 스포티지의 50% 가격을 원코인으로 받고 차를 팔기도 한다.

물론 한국에서는 이천쌀 경기미 10kg 1,000가마를 판매하기도 하였고 또 어떤 사람은 가시오가피 1,000박스를 순식간에 판매하기도 하였다. 지금도 딜쉐이커(http://dealshaker.com)라는 쇼핑몰에 들어가 보면 다양한 상품들이 올라와 있다.

필자가 원고를 집필하는 지금 이 순간은 44,000개의 상품이 올라와서 손님을 기다리고 있고 263,000명이 쇼핑을 즐기는 모습을 숫자로 파악할 수 있다. 아래 사진을 보면 불가리아 어떤 사람은 자기 부동산을 원코인을 받고 팔겠다고 광고를 하고 쇼핑몰에 등록했다.

필자가 불가리아에 살고 있고 언어만 된다면 지금 당장이라도 사고 싶기도 하다. 언젠가 한국에도 저런 일이 반드시 일어날 것이다. 그리 멀지 않은 시간 내에 말이다.

　필자가 가슴에 품고 있는 10억은 희망이다. 지금은 간간이 물품을 사서 사용할 정도이다. 필자는 중국에서 파는 은행잎 추출물 혈행개선제를 사서 먹고 있고 한국제품은 김, 표고버섯, 소금 등 16가지를 샀다. 지금 충북 청주에 있는 한 민물장어집에서는 원코인을 받고 장어를 팔겠다고 딜쉐이커에 올린 것을 보았다. 시간 나면 지나는 길에 민물장어도 한번 먹어야 겠다.

　화폐라고 하는 것은 물건을 사고 팔 수 있어야 진정한 화폐이다. 온라인 쇼핑몰에 최적화되어 있는 것이 가상화폐이다. 번거로운 각종 인증절차를 거치지 않고 코인을 지불하기만 하면 상대의 신원이 누구인지 물을 필요가 없기 때문이다. 당연히 나의 고객정보를 낯모르는 상대방에게 노출시킬 이유가 없고 그 정보가 해킹될 위험도 없기 때문이다.

지금 1,000여 가지 가상화폐가 어지럽게 유통되는 상황이다. 어떤 책에서는 무슨 코인을 채굴하면 돈을 번다고 하며 주장하기도 한다. 쇼핑몰에 그 코인을 받겠다고 표시한 곳을 독자들은 본 적이 없을 것이다. 없으니 당연히 볼 수 없다. 표시가 불가능하기 때문이고 가격의 등락폭이 크기 때문이다. 가격의 변동성(휘발성)이 큰 화폐는 상거래에서 사용할 수 없다는 것을 단적으로 보여주는 예이다.

독자들은 기존의 가상화폐를 통해 밤잠을 설치며 어떤 정보에 의지해서 매매 단기차익을 얻었던 경험이 있을 수 있다. 얼마나 피곤한 일인지 잘 알고 있고 약삭빠른 사람만 이익을 낼 수 있음을 잘 알 것이다. 필자가 원코인 투자이야기를 조심스럽게 하는 이유는 바람직한 가상화폐를 파악할 수 있는 통찰력과 기준점을 독자들에게 전달하고자 하기 때문이다.

향후 가상화폐 세상은 원코인 같이 화폐로서 유용성을 가진 가상화폐가 몇 개 더 나올 것이며, 기존의 가상화폐들은 익명성이 필요한 군소 특수 목적의 거래에 사용되는 용도로 전환될 것이다.

바람직한 가상화폐가 세상에 새롭게 나왔는데 내가 알지 못하는 방법으로 마케팅을 해서 이상한 코인이라 판단하여 기회를 날려 버리지 않기를 바랄 뿐이다.

들려오는 얘기로는 원코인은 이제 네트워크 마케팅으로 채굴을 진행하던 방법을 바꾸어 두바이에 있는 세계적인 투자회사와 합작하여 대중판매를 시작한다고 한다.

새로운 기회는 반드시 오게 마련이다. 이 책을 읽은 독자들 앞에 짧은 시간 내 또 출현할 것이다. 그것은 현재 비트코인이나 이더리움 같은 코인이 아니고 원코인 같은 개념의 코인일 것이다. 마케팅 방법은 어떤 것을 사용할지 필자는 알 수 없지만 화폐로서 유용성이 있는 코인이 분명 또 기회를 줄 것이다.

코인 자체가 바람직한 코인이면 그것의 실행방법은 어떤 것이든지 상관없다. 거래소에 등록이 안 되어도 상관없고 다단계로 공급되어도 상관없고 중앙관리형이라도 상관없다. 단지 내가 알고 있는 마케팅 기법과 다른 방법을 구사할 뿐 그 자체가 바람직한 코인이면 아무 문제없다. 시장에서 받아들이는 사용자들이 많으면 그것으로 그만이다. 화폐란 원래 그런 것이다. 화폐의 조건을 갖추기만 하면 커다란 돌도 화폐로 사용된다는 것은 역사적 경험을 통해 익히 알고 있다.

진정한 고수는 이런 기회를 포착하는 사람이다

토끼와 거북이의 경주에서 거북이가 이기는 것은 경주의 본질을 깨닫고 한시도 경주라는 것을 잊지 않고 집중했기 때문이다. 독자들도 가상화폐라는 것이 무엇이고 어떤 모습을 하고 있어야 하며 반드시 내 눈앞에 나타날 것이란 확신을 가지고 때를 기다리기만 하면 반드시 눈앞에 나타날 것이 분명하다.

이 책을 읽은 보통사람인 독자들한테 부자가 되는 비기를 알려주는 것이 이책의 최대의 과제이다. 약삭빠르게 거래소 매매 차익이나 얻으려 하고 내부 정보나 금융다단계 소개비나 받으려는 얄팍한 지식으로는 가상화폐의 큰 줄기를 잡을 수 없다.

요즘 유행하는 ICO 같은 것에 참여하여 초기 수익을 쫓는 사람이 되어서도 안 될 것이다. 일확천금을 꿈꾸는 사람과는 거리가 먼 것이 가상화폐이다. 개발되고 채굴되어 보통사람들에게 전파되고 유용성이 검증되면서 진정한 화폐가 되어 간다. 반드시 장기간의 시간이 필요하다

우리 독자들은 보통 사람들이다. 현재 비트코인, 이더리움 등 기존 가상화폐 일을 하는 대부분 사람들은 약삭빠른 사람들이다. 그들과 경쟁해서 이길 수 없다. 오히려 보통사람들은 그들의 함정에 걸려들어 재산상의 손실을 볼 확률이 훨씬 크다.

보통사람이 고수가 되는 길은 올바른 가상화폐를 판단하는 정확한 판단기준을 가지고 조용히 때를 기다리는 것이다.

셋!
단타 매매이익을 쫓다가

시간이 조금 지나 필자의 수중에 소액이 생겼다. 코인원이라는 거래소에 전자지갑을 열었다. 그리고 이더리움을 샀다. 물론 큰

금액은 아니었다. 거래소 이용방법이나 가상화폐의 흐름을 놓치지 않기 위해 교육 차원에서 하는 매매거래라고 생각했다.

당시 이더리움 가격이 28,000원 가까이 올랐다가 25,000원 정도 떨어져서 향후 5만 원 가까이 올라간다는 시중 소문이 강할 때였다. 그래서 50만 원을 들어서 코인을 20개 매수했다.

그런데 이게 무슨 날벼락인가? 바로 이더리움이 2차 디도스 공격을 받고 다운되어 버렸다. 바로 1만 원대로 가격이 곤두박질치더니 올라갈 기미가 보이지 않았다. 큰돈은 기대하지 않았지만 배울 겸 해서 소액을 넣었는데 마음이 급해지기 시작했다.

그 후로는 거래소 가격변동 추이를 지켜보는 것으로 만족하고 살고 있다. 2017년 9월 14일, 본 저서의 원고를 약 20% 쓰고 있을 때 중국발 태풍이 불어 닥쳤다. 모든 가상화폐의 가격이 30% 이상 빠져서 500만 원 가까이 하던 비트코인이 200만 원 후반대로 곤두박질쳤다. (그러다가 2017년 12월초 비트코인 가격은 1,200만 원 정도까지 치솟았다. 언제 또 오를지 아니면 가격이 폭락할지는 아무도 모른다.)

바로 가상화폐 거래소 폐쇄 !!! 역시 중국답다.

필자가 ICO(initial coin offering)는 합법을 가장한 사기극일 가능성이 대단히 높다고 여러 번 지적하고 내 개인 블로그에도 글을 실었다. 중국 인민은행이 ICO와 거래소 실태를 조사하고 연이어 철퇴를 내렸다. 산업 이외의 변수에 의해 이렇게 가치가 오르락내리락한다면 그런 코인은 어떤 것도 코인의 구글이 될 수 없다.

폰지 사기를 당하다

필자가 가상화폐에 대한 이해가 남다르고 블로그도 쓰고 강연도 조금씩 하고 다니기 시작하면서 주위 사람들이 가상화폐 전문가로 필자를 바라보기 시작했다. 그러다 보니 다양한 정보들이 내 귀에 자꾸 들어올 수밖에 없었다.

어느 날 내가 잘 알고 지내던 한 컴퓨터 전문가 친구가 귀가 솔깃한 제안을 하나 했다.

스카이렉스라는 코인 채굴회사이며 1년 반이 지난 회사이고 회원들도 이미 20만 명이 넘어선 회사인데, 200만 원을 투자하면 매일 1.5%씩 확정이익을 45일간 주고 원금은 마지막 날 준다는 것이다. 그 친구는 투자를 해서 이미 한 달이 지나서 매일 약속한 대로 이익이 꼬박꼬박 들어온다는 것이다.

비트코인의 난이도가 올라서 기존 마이닝풀들도 도산하는데 이 회사는 무슨 새로운 채굴기술이 있고 이익도 많이 줄까라는 생각을 하면서도 45일간 확정이익의 유혹에서 빠져나올 수가 없었다.

또한 믿는 친구가 이 회사의 홈페이지가 스캠어드바이저(웹페이지 신뢰도 측정 사이트)에서 신뢰도가 높은 곳이라는 말에 투자하기로 결정했다. 지나고 보면 알지만 합리성이 결여되는 이야기도 욕심이 앞을 가리면 좋은 쪽으로 생각하는 것이 인간이다. 보고 싶은 대로 보고 생각하고 싶은 대로 하는 실수를 범하고 말았다.

투자 후 10일 만에 그 회사는 문을 닫고 친구는 나에게 미안해하고 나는 자존감에 상처를 입고 말았다. 이 회사는 호주에 있었는데 투자금을 반드시 비트코인으로 송금해야 한다. 한국이 호주보다 비트코인 가격이 15% 이상 비싼 시기였다.

빗썸이라는 거래소에서 비트코인을 구매해 이 사기꾼의 전자지갑으로 송금하는 경험을 했다. 그런데 가격이 들쭉날쭉 하는 비트코인의 특성상 송금할 때면 잽싸게 처리해야 한다. 혹시라도 무슨 변수가 있어서 가격이 폭락하지 않을까 하는 조바심이 저절로 생겼다.

그러니 만사를 다 제쳐두고 짧은 시간에 사람들이 많이 사용하지 않는 시간대를 골라서 송금을 해야 했다. 사람들이 많이 사용하는 시간대에는 과부하가 걸려서 승인이 안 떨어지기 때문이다.

나는 최대 1시간을 기다린 적이 있는데, 간이 콩알만 해지는 경험을 했다. 지금 생각하면 사기꾼 회사가 비트코인으로 투자금을 받는 이유는 나중에 먹튀를 하였을 때 추적을 당하지 않기 때문이라는 것을 알았다. 독자들도 비트코인이나 익명성 코인으로 투자를 하라고 권유하면 일단 깊이 생각해 보아야 한다.

이더리움 채굴회사의 투자유혹을 뿌리치다

앞에서 이더리움 채굴전문회사였던 이더리아라는 회사를 잠시 언급했다. 전북 군산에 야심차게 공장 3동을 지어놓고 활발하게 영업을 하고 있었다. 필자가 전화를 걸어 투자대비 코인채굴수량 등 여러 가지를 문의했다. 그 이후 영업사원으로부터 수없이 전화가 걸려왔다. 현재의 채굴속도, 이를 통한 수익 사례 등 많은 설명을 했다.

나는 이더리아가 채굴장에 붙인 제1공장, 제2공장, 제3공장 이름이 마음에 안 들었다. 이 회사의 대표가 가상화폐에 대한 정확한 인식이 부족할 것으로 생각했다.

가상화폐는 물리적인 금광의 현상을 수학적 이미지로 표현한 것이다. 그래서 사토시 나카모토가 암호화된 알고리즘을 푸는 과정과 정답을 맞추었을 때 보상으로 지급되는 것이 비트코인이다.

이 일련의 과정을 금광의 채굴행위와 동일하다고 하여 '채굴'이라는 개념의 단어를 사용하는 것이다. 이런 가상화폐의 철학을 십분 이해하였다면 제1광산, 제2광산, 제3광산 이렇게 이름을 붙였을 것이다. 공장은 원재료가 반입되고 사람이 노동력을 투입하여 어떤 물건을 만들어 내는 곳이다.

채굴장은 상품을 만들어 내는 곳이 아닌 화폐를 발행하는 곳이다. 그것도 법이 정해진 어떤 테두리 내에서가 아니고 개인이 스스로 개발한 코인을 개인이 스스로 자기의 책임 하에 가상화폐를 발행하는 곳이 채굴장이다.

즉 인터넷 상의 금 버츄얼골드(virtual gold)를 캐는 것이 바로 채굴이고 채굴은 화폐를 발행한다는 의미와 동일하다. 이런 기본을 모르는 이더리움 채굴장에 돈을 투자하기에는 뭔가 석연치 않아서 설명을 듣는 것으로 만족했다.

지금 생각해 보면 필자가 정확하게 예상했고 그 예상이 적중했다. 이 책을 읽고 난 후 우리 독자들도 반드시 이렇게 전문가가 될 것이라고 확신한다.

세상의 진리는 아주 단순하다. 단순하기 때문에 더욱 알기 어려운 것일지도 모른다. 눈으로 보기에는 복잡해 보이는 것이 가상화폐이다. 아니 처음 접하기 때문에 어려울 것이다. 필자는 인터넷보다 훨씬 쉬운 것이 가상화폐라고 생각한다.

그 복잡한 인터넷을 지금은 80세가 넘으신 어르신들도 잘 사용하고 계신다. 처음에는 얼마나 어려워했는지 우리는 잘 알고 있지 않은가?

인터넷이 처음 나올 때 우리 모두, 아니 명문대를 나온 사람조차 인터넷을 몰라서 어려웠다. 그러나 지금은 어떠한가? 명문대 나온 사람에게 인터넷이 무엇이냐고 물어보면 자신 있게 답하는 사람이 많지 않을 것이다. 이미 우리에겐 공기와 같아졌기 때문이다.

필자에게 가상화폐 자체는 인터넷보다 훨씬 쉽다. 시간이 지나면 가상화폐도 인터넷과 같이 우리의 일상 속에 자리 잡을 것이다. 필자는 이미 그런 현상을 목격하고 있다. 내 주위에 80세가 넘으신 어르신들이 자유자재로 가상화폐를 채굴하고 사용하고 송금하는 것을 보았기 때문이다.

여섯!
가상화폐로 송금을 하지 못한 사연

2017년 6월 필자의 딸이 독일로 유학을 떠났다. 2개월 후 600만 원을 딸에게 부칠 일이 생겼다. 딸이 유학을 떠날 때 비트코인 전자지갑을 열어서 사용법을 익히라고 일러두었기에 비트코인을 사서 송금하려 했다. 그러나 한국의 거래소와 독일 거래소의 비트코인 가격을 비교하여 보고, 깜짝 놀랐다.

무려 가격 차이가 10% 정도씩이나 나는 것이었다. 즉 600만 원을 보내면 540만 원만 딸에게 전달되는 결과이다. 해외로 가상화폐를 단순 송금할 일이 없어서 국제간 환율차의 의미를 잘 모르고 있었다. 어쩔 수 없이 시간도 많이 걸리고 비용도 5만 원이나 들여서 유로화를 사서 송금했다.

이런 가상화폐는 반드시 '필요하지 않다' 라는 가상화폐 무용론이 대두될 수밖에 없다. 세계 단일 환율을 사용하는 코인이라야 국제간 송금에 문제가 없다. 달러로 국제간 송금을 하는 이유는

100달러 지폐는 어디를 가나 100달러의 가치가 있는 단일 환율이기 때문이다. 단지 자국의 화폐와 달러화의 가치비율인 환율만 다른 것이다. 그런데 가상화폐 비트코인은 한국에서는 4,800달러이고 독일에서는 4,320달러라서 한국에서 독일로 송금은 어렵다.

직접 몸으로 느낀 후에야 깨닫게 되는 단순한 진실이 새삼스러웠다.

물건 값으로 원코인을 받다

원코인의 쇼핑플랫폼인 딜쉐이커가 2017년 2월에 드디어 문을 열었다. 누구든지 회원으로 가입하여 자기의 상품을 홍보할 수 있는 오픈쇼핑몰로서 전 세계 원코인 회원 300만여 명에게 자기의 상품을 무료로 홍보할 수 있는 절호의 기회가 찾아왔다.

필자가 잘 아는 지인이 가시오가피를 직접 재배하여 엑기스를 만들어 파는 것이 생각났다. 얼마 전 그 친구가 유명백화점 지하에서 시음회를 하면서 판촉을 하는 것을 본 적이 있는데 그다지 잘 팔리지 않는 것 같았다.

그 친구와 상의를 한 후 딜쉐이커에 그 오가피를 한국어로 등록하였다. 그러자 전국 원코인 회원들의 전화가 빗발쳤다. 한 달 만에 무려 천 박스나 판매하는 쾌거를 올렸다. 필자의 지인은 갑자기

밀려든 주문량으로 미처 생산을 못하는 지경에 이르기도 하였다.

필자는 영어를 못하기 때문에 외국에서 연락오는 것이 무서워 한국어로 상품을 올렸다. 물론 액상으로 된 물건이라 무거워 외국으로 배달하는 것이 무리이기도 하여 일부러 한국어로 실은 것이다. 덕분에 한국인 최초 딜쉐이커에 상품을 올려 판매하는 기록을 세우기도 하였다.

지금 딜쉐이커에 올라온 한국 상품들은 몇 개 되지 않지만 앞으로는 점점 그 숫자가 증가할 것이다. 지금도 제품을 올리기 위해 안 되는 영어를 번역하며 며칠 밤을 고생했던 기억이 선명하다.

인증샷 선물받기

이 책의 말미에 선착순 500명의 독자들께 원코인을 선물로 드리는 방법을 설명해 놓았다.

지식과 통찰력
무엇이 중한가?

앞에 나온 비트코인 두 가지 사례를 자세히 살펴보자.

피자집 사장이나 대학생은 둘 다 가상화폐에 대해 지식이 전무한 사람이었다. 말도 안 되는 일에 큰돈은 아니지만 재미있고 혹시나 하는 마음에 일을 저질렀을 것이다.

지식으로 판단하여 비트코인이 사기라고 결론을 내리고 있었다면 아무리 작은 돈이라도 절대 투자를 하지 않았을 것이다

세계적으로 유명한 어떤 박사의 책에도, 구글이나 네이버 지식사전 어디에도 비트코인이 이렇게 될 것이라고 써 있지 않았다. 아니 오히려 사기라고 써 있었을 것이다.

위 두 사람이 책이나 인터넷에 나온 얘기 즉 지식이 진리라고

믿었다면 이런 어리석은(?) 행위는 하지 않았을 것이다. 보고 싶은 대로 보고 듣고 싶은 대로 들으면서 살아가면 가상화폐 같이 혁명적인 새로운 것이 나왔을 때 오히려 지식이 올바른 판단을 방해하는 장애가 된다.

인터넷이 우리의 일상이 된 지금, 지식의 전달 속도는 빛의 속도로 전 세계에 순식간에 전달된다. 그러다 보니 인터넷에 검색되지 않는 것들은 사기가 된다.

누군가 익명으로 인터넷에 무엇이 사기라고 올리면 그것을 올바르게 연구하지 않고 인터넷에 그렇게 써 있으니까 자기도 모르게 그렇다고 답을 한다. 어느 순간 우리는 인터넷의 정신적 노예가 되어 있는 것이다.

그 이전에는 박사니 무슨 유명대학이니 하는 사람들의 얘기에 노예가 되었듯이 말이다. 이제는 우리가 올바르게 생각해야 할 줄 아는 시대에 살고 있다. 하루가 멀다 하고 혁신적인 변화가 우리 사회를 강타하고 있다. 이전의 지식은 혁신적인 변화를 이해하는 데 오히려 고정관념으로 작용하는 부작용이 생긴다.

그 지식을 기준으로 자기도 모르게 보고 싶은 대로 보고 듣고 싶은 대로 듣는 것이다. 우리 눈앞에서 모토롤라, 노키아, 소니가 몰락해 가는 것을 똑똑히 보았다. 이 현상을 무엇으로 설명할 수 있을까?

통찰력이나 감각이 중요한 이유는 이렇다. 지금까지는 학교 선

생님의 얘기나 책에 있는 대로 따라 해도 큰 문제가 없는 지식의 시대였다. 하지만 이제는 남들이 가보지 않은 길을 가야하고 해보지 않은 일을 해야 한다. 그래서 통찰력이나 감각이 더 중요한 것이다.

지식으로 굳어진 정형화된 것은 언제든지 배울 기회가 있다. 다만 통찰력이나 감각은 생각할 줄 알아야만 가능한 일이다. 인문학이 중요한 것이 아니라 인문적으로 상상하고 생각하는 힘이 중요하다고 하는 어느 철학과 교수님의 말이 더욱 선명하게 다가온다.

기준을 따르는 자보다
기준을 세우는 자가 1등이다

가상화폐는 돈의 민주화라고도 말한다. 민주화란 것은 국가권력의 통제로부터 개인의 권리와 자유를 쟁취하는 것을 말한다. 정치, 경제, 종교, 사상 모든 면에서 민주화를 이루었으나 아직 돈만큼은 국가가 발행한 것만 사용하고 있다.

이제는 그 소중한 돈마저도 개인들이 발행하는 시대로 접어들었다는 얘기가 '돈의 민주화'란 얘기이다. 각국 중앙은행만이 돈의 발행 수량, 정책을 독점하던 것이 이제는 세계 시민들 각 개인이 가상화폐를 발생할 수 있다. 세상 사람 누구나 비트코인 수량이 몇 개이며 현재 몇 개가 발행되어 거래되는지 투명하게 알 수 있다.

가상화폐는 역사의 올바른 발전방향이다. 국가 권력자들은 돈의 발행만큼은 손에서 놓고 싶지 않아 다양한 이유를 들어 규제를 시도하고 있으나 블록체인의 기술 특성상 가상화폐 일반화는 필연적이라는 것이 필자의 생각이다 ·

만약 금의 사용을 법으로 금지시킨다면 어떤 일이 일어날까? 아무 일도 일어나지 않을 것이다. 금을 가진 사람끼리 개인 간 거래가 일어나는 것을 어찌 막을 수 있단 말인가. 이것이 바로 P2P거래이다.

중국 정부도 비트코인 초창기 2013년에 비트코인 거래를 법으로 금지시켰으나 금지가 되지 않았다. 그렇다고 개인 간 거래하는 코인 자체의 거래를 불법이라고 하여 처벌할 수도 없다. 가상화폐의 발전은 역사의 필연적 귀결이고 방향이다. 화폐의 역기능보다 순기능이 훨씬 많다.

한국정부가 요즘 가상화폐를 대하는 자세를 보면 한심하다. 이런 저런 핑계를 대며 우유부단하게 우왕좌왕한다. 처음 접하는 가상화폐를 어떻게 처리하고 어떻게 관리하며 어떻게 육성해야 할지 몰라서다.

2016년 10월 11일 일명 간(肝)박사인 김정룡 서울대학교 명예교수가 별세했다. 1970년 B형 간염백신을 세계최초로 개발하고도 세계 세 번째로 백신등록을 했다고 한다. 당시 한국 식약청은 이런 백신을 본 적도 들은 적도 없어 등록할 기준이 없어서였다고 한다. 그래서 미국 등이 먼저 등록하고 그 기준을 따라서 등록했다는 얘기가 있다.

기준이 없으면 우리가 그 기준을 생산하면 안 되는가?

요즘은 4차 산업이라는 말이 국민상식처럼 사용되는데, 이것의 기반기술이 블록체인이고 블록체인 중에 가치를 전송하는 어플리케이션이 가상화폐이다. 이때 다른 나라보다 앞서서 기준을 생산하고 산업을 리드하면 2등 나라에서 1등 나라로 올라설 수 있는 기회라는 것을 명심해야 한다.

PART 2

왜 돈을 벌 수 있는가?
가상화폐를 이해하면

2014년 4월 16일 〈타임〉 지에 실린 기사를 참조하면 가상화폐 정의를 이해하는 데 많은 도움이 된다

작년 말, 위키리크스(WikiLeaks)에 후원하고자 하는 많은 사람들은 후원 수단이 차단되는 경험을 했다. 정부가 압력을 넣어 위키리크스로 나가는 송금을 규제한 것이란 추측이 많다. 내 돈인데 왜 송금을 막는 것인가?"

관문의 역할을 하는 중개자

온라인 소비는 철저하게 금융 중개자들을 통하게 되고 정부는 그들을 감시하고 제한할 힘이 있다. 온라인 도박과 스포츠 베팅 웹사이트에는 얼마든지 접근할 수 있지만 이곳에 송금을 하는 것은 전혀 다른 문제이다. 온라인 거래를 위해서는 페이팔(PayPal) 같은 중개 서비스의 계정을 만들어야 한다. 아무리 도박 서비스와 둘 사이의 사적인 거래를 하고 싶어도 중개자 없이 거래할 수 있는 방법은 없다.

진정한 디지털 화폐

2009년에 사토시 나카모토에 의해 시작된 오픈 소스 프로젝트인 비트코인은 세계 최초로 분산성과 익명성을 가진 화폐이다. 매우 복잡해 보이지만 이해하기 어렵지는 않다. 웹이 발전하는 동안 많은 디지털 화폐들이 등장하고 사라졌다. 페이스북(Facebook)의 크레딧(Credits)도 있고 마이크

로소프트(Microsoft)의 포인트(Points)도 있다. 하지만 기존의 디지털 화폐는 믿을 수 있는 중개자를 꼭 필요로 했다.

만약 내가 100 유로를 누군가에게 보냈을 때, 내 계정에는 더 이상 100 유로가 남아 있지 않아야 하는데 이를 누군가가 보증을 해야 하기 때문이다. 바로 이중지급의 문제이다.

비트코인은 제 3의 중개자 없이 이중지불의 문제를 해결한 최초의 온라인 화폐이다. 핵심은 거래 기록을 P2P 네트워크로 분산하는 것이다. 모두가 거래 기록을 공유함으로써 같은 돈이 중복으로 사용되는 것을 막는다.

거래 방식도 현금과 비슷하다. 당신이 벼룩시장에 가서 중고 게임기를 산다고 하자. 그 거래는 어떤 기록도 남지 않는다. 내가 판매자 이름을 알 필요도 없고 판매자도 나에 대해 알 필요가 없다. 비트코인도 이와 비슷하다. 공개 키 암호화를 사용하기 때문에 당신이 누구인지 송금받는 자가 누구인지는 알 수 없다.

혁신적인 개념

우선, 인위적인 인플레이션이 불가능하다. 대부분의 국가는 중앙은행이 통화 공급을 담당하는데, 필요한 경우 통화를 더 발행하여 투입하기도 한다. 이는 필연적으로 현재 유통되는 돈의 가치 하락을 유발한다. 하지만 비트코인은 이러한 인위적인 통화량 증가가 불가능하다. 당초에 중개자가 없기 때문에 정부의 규제가 어렵다는 특징도 있다.

비트코인의 영향

대부분의 새로운 기술이 그렇듯, 비트코인도 장단점이 있다. 단점은 말할 것도 없이 불법적인 용도로 활용되는 것이다. 장물이나 모조품의 거래, 훔친 개인정보 심지어 아동 포르노의 매매에도 사용될 수 있다. 하지만 법의 테두리 안에서라면 무궁무진한 장점을 가지고 있다.

아직 초기에 속하는 비트코인은 전체 규모가 500만 달러에 지나지 않지만 꾸준히 성장하고 있다. 비트코인으로 결제를 받는 업체도 계속 늘어갈 것이다. 만약 이런 식으로 발전해 간다면 비트코인은 정부는 물론, 지금의 결제 업체를 위협할 존재로 부각될 것이다.

비트코인 이야기는 이제 시작에 불과하다. 물론 〈타임〉지의 똑똑한 기자도 6년 뒤 2017년 가을의 비트코인 모습을 예상하지는 못했다. 거래 처리 속도가 떨어져 문제가 발생했다. 그 개선책을 두고 합의를 이루지 못해, 비트코인이 몇 개로 쪼개지면서 통화량이 인위적으로 늘어나고 있다.

그리고 가치의 변동성이 심하여 비트코인을 상품대금으로 받아주는 곳이 거의 없다. 말로는 비트코인을 받는다지만 가치의 불안정함 때문에 실제로 받으려 하지 않는다. 비트코인을 소지한 사람도 물건을 사려 하지 않는다. 시세차익을 노리는 도박의 수단으로 이미 전락해 버렸기 때문이다.

가상화폐가 반드시
필요한가?

　인간이 불을 사용하고 농사를 지으면서 정착생활을 시작했다고
한다. 잉여생산물이 생기자 조금씩 상거래가 시작되었다. 우리가
어려서부터 학교 교과서에서 배웠듯이 처음에는 물물교환으로 거
래가 시작되었을 것으로 추측이 된다.

　내륙지방은 조개껍질이 희귀하여 조개를 화폐로 사용하는 곳
이 생겼고 남태평양 마이크로네시아 지역의 야피족은 큰 돌을 화
폐로 사용하기도 하였다. 아마 바닷가에 사는 부족들은 조개를 화
폐로 사용하지 않았을 것이다. 화폐의 공급이 무한하기 때문이다.
즉 화폐의 공급량을 신뢰할 수 없기 때문이다

　가만히 생각해 보면 희귀성이 보증된 것은 그것이 무엇이든 화

폐로 사용될 수 있음을 알 수 있다. 인간 문명이 발달하고 상거래 규모가 점점 커지면서 화폐량도 많아질 필요가 생겼다. 그래서 금속화폐가 등장하였고 금이라는 금속을 발견하면서 금의 물질적 속성이 화폐로 사용하기에 안성맞춤이었다. 상온에서 가장 안정적인 물리적 특성을 가지고 있는 것이 금이다.

일반 금속은 상온의 대기 중에 있는 산소와 결합해서 부식되는 성질이 있는데 금은 그렇지 않다. 그리고 금니 등 우리 신체에 잘 부합하여 부작용이 없는 것 또한 금이다. 그리고 화폐로 사용하기에 적당하게 희소하다.

그래서 금이 현재까지 화폐의 왕좌에서 한 번도 내려와 본 적이 없다. 지폐 시대를 거치면서 인터넷이 우리 인간사회에 주된 기술로 자리를 잡자 신용카드, paypal 등 새로운 형태의 화폐가 등장하여 화폐사용의 편리성을 높여주었다.

이런 형태의 화폐는 지폐의 충전개념이라 사람들이 쉽게 받아들였다. 개념의 이해보다는 사용의 편리성을 높인 것이기 때문이다.

드디어 2009년 1월에 비트코인이라는 완전히 새로운 개념의 화폐가 등장하였다. 또 아날로그에서 디지털로 변하면서 육안에 보이던 돈이 보이지도 않는다. 지폐의 충전개념도 아닌 것이 정말 도깨비 같은 화폐가 태어난 것이다.

처음에는 세상 사람들 어느 누구도 비트코인이 화폐로서 자리 잡지 못할 것이라고 생각했다. 개발자가 누구인지도 모르고 국가가 가치를 보증하는 것도 아니고 금으로 백업하는 것도 아닌 전자적 신호에 불과한 비트코인이기 때문이었다.

세계 경제 대통령이라고 불리는 미국 연방준비은행장조차도 비트코인은 사기라고 일축했다. 당시 그 은행장은 엘런 그린스펀이라고 하는 유명한 학자였다. 그러니 일반 보통사람들은 어떠했을까?

그런데 그로부터 9년이 지난 지금 현재는 어떠한가?

무슨 유명한 세계 석학이 쓴 논문에서 주장하였기 때문에, 구글이나 네이버 등에 그렇게 나와 있기 때문에, 아니면 모든 사람들이 그렇게 생각하고 있기 때문에 그 말이 맞다라고 생각하는 것이 얼마나 어리석은가를 잘 가르쳐 주고 있다.

화폐가 가져야 할 기본적인 특성을 가상화폐가 얼마나 잘 갖추었는지 대부분 몰랐다. 화폐는 희소성을 전제로 하여 내구성, 휴대성, 분리성, 대체성, 인지성 등 여러 가지 특성을 지니고 있어야 상거래 매개기능, 가치저장기능, 가치척도 기능을 잘 수행할수 있다. 이런 특성을 지금까지의 화폐 중 가장 완벽하게 지닌 것이 바로 가상화폐이다.

물론 현재 비트코인이나 이더리움은 이런 특성을 갖추고 있기는 하나 수량이 충분하지 못하여 수급에 의해 가격이 결정되고, 화폐 가치의 안정성이 부족하여 화폐로서의 기능을 제대로 수행하지 못하고 있다.

그렇다면 비트코인이 보여주는 단점을 극복한 가상화폐가 발명

된다면 가상화폐의 세상이 우리 눈앞에 펼쳐지지 않겠는가? 불가능한 일처럼 보이는가? 인간은 지금까지 불가능한 것처럼 보이던 일을 항상 현실로 만들어 내는 창의성을 발휘하면서 살아왔다.

비트코인이나 이더리움은 가상화폐가 얼마나 화폐로서 적합한지 그 유용성을 충분히 보여주고 있음을 부인할 수 없다. 기존의 지식으로는 새로운 기술인 블록체인의 기술 특성을 이해하지 못하여 비트코인이 화폐로서 부적당하다고 무시하였던 것이다.

가상화폐 수요는
유용성이 변수이다

고전경제학의 수요이론은 그 재화 가격을 변수로 하여 가격이 오르면 수요가 줄고 가격이 내리면 수요가 늘어난다는 이론이다. 그러나 가상화폐 수요는 가격이 변수가 아니고 유용성이 변수이다.

유용성이 높은 코인은 시간이 흐름에 따라 사용자의 수요가 늘어나서 가상화폐 가격이 올라가는 것이다. 화폐로서의 유용성이 없는 코인은 시간이 흐르면서 수요가 없기 때문에 시장에서 퇴출된다. 지금까지 이런 코인은 수없이 많았다. 앞으로도 이런 유용성 없는 코인이 계속해서 출현할 것이다.

야후나 구글과 같은 인터넷 검색엔진을 가지고 한 번 생각해 보자. 처음에는 야후가 검색 엔진의 유용성을 충족시켜서 수요가 많았으나 어느 날 구글이 출현하면서 그 유용성이 야후보다 훨씬 뛰어나 검색엔진의 수요가 야후에서 구글로 옮겨갔다.

야후는 검색엔진의 유용성을 사람들에게 일깨워 주는 역할을 하기에 충분한 의미가 있다. 물론 당시에는 넷스케이프도 유명한 검색엔진이었다.

가상화폐도 인터넷 검색엔진과 같은 수요의 변화 과정을 따를 것으로 예상된다. 지금은 비트코인, 이더리움 등이 가상화폐의 유용성을 충족시켜 수요가 높아서 가격이 처음보다 높이 올라가 있다.

2017년 12월 초 비트코인이 1,200만 원대, 이더리움이 55만 원대 이렇게 가격이 형성된 것은 수요자가 그만큼 늘었기 때문에 가격이 올라와 있는 것이다. 향후 수요자가 5,000만 명, 1억 명 이렇게 늘어나면 가격이 얼마나 높이 올라갈지 그 누구도 장담하지 못한다. 요즘 언론에 오르내리는 기사들을 보면 비트코인 하나에 지금보다 훨씬 더 가격이 높게 올라갈 거라고 주장하는 사람들이 상당수 있다. 심지어 코인 하나에 1억 원이 된다고 하는 사람도 있다.

물론 그 반대의 뜻을 주장하는 사람들도 대단히 많다. 아마도 대부분의 기존 경제학을 전공한 학자들이 여기에 해당될 것이다. JP 모건 다이먼 회장은 수차례에 걸쳐서 "비트코인을 보면 마치 네덜란드에서 일어난 '튤립 파동'을 보는 것 같다."고 주장했다.

인간의 NEEDS는 변하기 마련이다. 지금의 가상화폐가 충족시켜 주지 못하는 수요가 반드시 생기게 마련이다. 세상이 변하기 때문에 새로운 수요가 생긴다.

이미 비트코인이나 이더리움은 화폐로서의 근본적인 요구수준 즉 니즈를 감당하기에는 역부족이라는 결론에 도달했다는 것이 필자의 생각이다. 그래서 우리 보통사람들에게 새로운 기회가 다가온다는 것이다. 가상화폐에 대한 인간의 NEEDS는 이렇다.

$첫째 화폐로서 물건을 사고 파는 데 사용하기 쉬워야 하며 송금하는 데 용이해야 한다. 가치가 불안정해 물건을 사고 파는 데 장애가 있거나 승인시간이 길어서 거래시간이 길어지면 사람들이 물건을 사는 데 가상화폐를 사용하지 않을 것이 뻔하다.

송금할 때도 마찬가지이다. 빠른 시간에 전송이 되어야 하고 오류가 발생하여 잘못 송금했을 때 바로 잡을 수 있는 중앙관리자가 있어야 한다. 익명성의 코인들은 잘못 전송되면 추적이 불가능하여 되돌릴 수 없다.

인터넷 혁명 후 세계가 글로벌 시대로 접어들면서 국제 송금 수요가 급격하게 높아졌다. 그 수요 중에 해외에 나가 있는 노동자들이 자국으로 송금하는 소액송금 수요가 2016년 기준 연간 6,500억 달러 이상이라고 세계은행 보고서에서 밝혔다.

지금은 달러를 사서 송금하는 데 앞으로는 가상화폐를 사서 송금하게 될 것이다. 지금 아프리카로 돈을 보내면 한 달 여의 시간이 걸리며 송금수수료가 10% 정도 들어가고 있다. 가히 살인적인 은행송금 수수료이다.

국제무역거래가 활발해지고 교역량이 커지면서 송금문제가 큰 골칫거리였다. 송금에 시간이 걸리면서 거래시간이 늘어나 비용이 추가로 발생하는 문제까지 발생한다.

$둘째 돈을 벌어 저축하는 데에도 쉽고 문제가 없어야 한다. 보관비용이 많이 들거나 미래 가치가 불안정하면 사람들이 그 화폐를 가지고 미래를 위해 저축을 하지 않을 것이다.

2011년 3월 동일본 대지진 때 일본인 가정집에 보관되었던 금고가 쓰나미에 많이 떠내려 왔다는 소식이 있었다. 일본은 아직도 현금 사용비율이 60%에 이르고 있다. 은행의 예금금리가 마이너스 금리 시대이다 보니 은행에 돈을 맡기면 비용을 지불해야 하기 때문에 개인 금고에 돈을 저축하고 있었던 것이다. 현재 지폐는 저축하는 비용이 많이 들어간다. 은행이 부도나는 위험도 존재한다. 도둑의 위험도 있다.

하지만 가상화폐는 전자지갑에 코인을 보관하여 놓으면 보관비용이 발생하지 않고 공간도 차지하지 않는다.

그러나 비트코인이나 이더리움은 전자지갑이 해킹당하여 도난의 위험이 있다. 그리고 비밀번호나 이메일을 잊었을 경우 분실할 위험이 상당히 높다. 특히 노인들이 사용하기에 대단히 위험하고 복잡하고 힘들다. 이것을 회피하는 방법이 바로 KYC(know your customer) 인증 제도이다.

$ 셋째 금과 같이 물가상승을 반영하는 화폐여야 한다. 즉 투자의 대상이 되는 가상화폐라면 수요가 많이 몰릴 것이다. 현재 비트코인이나 이더리움 등 익명성 가상화폐는 거래소에서 가격이 수급에 의해 결정된다.

그렇다 보니 화폐의 가격이 급등락을 반복할 수밖에 없다. 물론 시간이 지나면서 사용자가 늘어나면 수요가 올라가서 가격이 올라가는 추세를 보일 것이지만, 누가 이런 코인을 저축의 수단으로 보유하려 하겠는가?

지금은 거래소에서 시세 차익을 노리는 수요밖에 없다. 그리고 가치가 불안정한 코인은 상거래 매개기능이나 송금기능을 수행하기 대단히 어렵다. 당연히 상거래 수요가 없는 코인이 된다. 다시 코인의 유용성의 문제로 회귀한다. 유용성이 없는 코인이 되어 향후 시장에서 퇴출될 것이다.

$ 넷째 수량이 많아야 한다. 화폐 자체의 수량이 작으면 화폐 자체의 인플레이션이 발생하여 시장에서 퇴출될 수 있다. 누가 이런 화폐를 물건을 사는 데 사용할 것인가? 보관하려는 수요가 많아질 것이 분명하다.

가상화폐의 수량은 마음대로 많이 개발할 수 없다. 코인을 채굴할 때부터 거래가 시작되는 것이기 때문에 블록체인의 구동속도가 빨라야 한다. 블록체인의 거래처리 속도가 신용카드가 거래를 처리하는 분당 약 70만 건 정도 처리하는 기술이 있어야 한다.

비트코인은 1분에 200여 건, 이더리움은 1분에 420여 건 정도 거래를 처리한다고 하니 아직도 속도 부분은 한참 멀었다. 이더리움의 개발자 비탈릭 부테린이 2017년 9월 한국을 방문했을 당시 모 일간지와 인터뷰를 하면서 "이더리움이 비자카드 수준의 거래처리 속도를 가지려면 개발기간이 약 2~5년 정도 걸릴 것이다." 라고 했다.

위 네 가지 기능을 잘 수행하는 가상화폐가 탄생한다면 그 코인이 바로 코인의 구글, 즉 차세대 코인이 될 것이다. 이더리움이 코인의 구글이 될 수 없는 이유는 비트코인과 같이 가치의 불안정성과 익명성, 거래승인 시간 그리고 수량이 문제가 있기 때문에 절대로 코인의 구글이 될 수 없다.

우리 독자들은 가격이 낮은 코인에 투자를 하려는 경향이 많다고 한다. 그것은 유용성이 있는 코인인데 아직 채굴자들이 많지 않아서 수요자가 없어서 가격이 낮을 수도 있고 유용성이 없어서 시간이 지났음에도 가격이 낮을 수도 있다. 가상화폐는 항상 유용성이 있는 코인인가를 먼저 판단해야 한다.

가상화폐 공급량은 무한정이다

고전경제학에서는 가격이 올라가면 공급이 늘게 된다고 한다. 그러나 가상화폐는 공급 총량이 정해져 있다. 즉 희소성을 가지고 있다고 하는 것이다.

그런데 요즘 가상화폐에 이상한 일이 벌어지고 있다. 하드포크니 소프트포크니 하면서 논쟁을 하다가 슬그머니 이름이 같은 코인이 새로 생겨난다. 이더리움 클래식, 비트코인 캐시 등 기존 이름에 첨가된 아류 이름이 붙었다.

이것이 물 타기와 무엇이 다른가? 문제가 생겨서 기존 블록체인을 폐기하면 되는 것이고 코인의 수는 다시 동일해야 하지 않는가?

앞으로도 계속해서 이런 현상이 생길 것이고 그럴 때마다 일부 집단이나 개인의 이익을 위해 물 타기를 한다면 언젠가는 신뢰를 잃어버리게 될 것이다. 이더리움은 앞으로 이런 험난한 여정을 남겨두고 있다. 찬성하는 쪽과 반대하는 쪽이 합의를 못 이루면 또 새로운 코인이 생길 것이다.

가상화폐의 공급량은 개인이 개발하는 것이기 때문에 무한정이다. 다만 시장에서 화폐량이 포화상태에 이르면 받아들이지 않을 것이다. 그 통화량이 얼마나 되는지는 잘 알 수 없지만 세계 경제 규모만큼 필요할 것이다.

그리고 아직도 은행 통장이 없는 세계 인구 중 20억 명이 가상화폐를 사용한다면 필요한 수량은 예상외로 많을 수 있다.

 가상화폐의 가격결정론

고전경제학의 아버지 아담 스미스는 시장에서 '보이지 않는 손(invisible hand)'이 자원의 최적 배분 기능을 수행하며 가격이 결정된다는 이론이 지금도 상품 시장경제의 기본 지식이다.

그러나 화폐인 가상화폐 가격결정은 재화의 가격결정과는 상이한 형태를 보인다. 공급과 수요에 의해 결정되는 것이 아니고 유용성이 높으면 사용자들이 늘어나면서 가격이 결정된다. 가상화폐의 공급량과 수요량은 가격에 의해 변동되지 않아 가격 비탄력적 특성을 가지고 있다.

물론 지금의 비트코인, 이더리움 등은 투기의 수단으로 시세차익을 노리는 도박판의 수요가 있어서 가격이 결정된다. 어느 누구도 그 가격을 예측하기 어렵기 때문에 도박판이라고 한다. 이것이 바로 유용성이 없는 코인들도 가격이 있는 이유이다.

어쨌든 지금 대표적인 가상화폐들의 가격은 시장에서 수요 공급에 의해 가격이 결정된다고 할 수 있다. 마치 금 가격이 시장에서 결정되는 것과 흡사하다. 중앙집권적인 지폐시스템은 발행자가 지폐에 가치를 매겨 발행하는 형태이기 때문에 가치가 안정된 화폐이다. 이것이 가상화폐와 지폐의 차이점이다.

그런데 이제는 가상화폐도 중앙관리형으로 가치가 결정되는 코인이 가치의 안정성을 유지하여 상거래 매개 기능을 더 잘 수행할 수 있다고 하는 의견이 점점 대두된다. 시간이 지나면서 가상화폐의 사용자가 증가하면 채굴의 난이도 상승과 같은 의미이므로 채굴 난이도와 사용자 수의 증가에 의해 가치를 연동시켜 놓으면 가치의 안정성을 갖는 코인이 탄생할 수 있다.

화폐의 기능 중 상거래 매개기능과 송금기능은 화폐의 가치 안정성이 가장 중요하다. 전 세계 화폐가격이 동일해야 국제간 송금이 원활하게 이루어지고 상거래에 사용될 수 있는 코인이 진정한 가상화폐이다. 그 코인을 화폐로 받아들이는 사람들이 많아지기만 하면 화폐가 되는 것이다.

투자수익의
기회를 잡다

비트코인의 피자집 이야기와 노르웨이 대학생 이야기가 왜 가능할까?

우리도 그 이야기 수인공이 될 수 있다면 얼마나 좋을까?

이 책을 읽는 독자들은 너무 조급해하지 말기를 바란다. 이 책을 끝까지 읽고 충분히 이해한다면 그 기회를 잡을 수 있는 통찰력이 생길 것이기 때문이다.

지금 비트코인이나 이더리움을 거래소에서 산다면 돈을 벌 수 있을까? 대답은 워렌버핏도 모른다라는 것이다.

우리가 2009년으로 돌아갈 수만 있다면 비트코인의 난이도가 낮을 때 채굴하였거나 저가에 구매하였다면 어떨까? 공대를 나온 사람만이 가상화폐를 통해 돈을 버는 것이 아니고 보통사람 누구나 투자한 금액에 비례하여 돈을 벌 것이다.

바로 기회는 평등하다는 것이다. 박사 학위를 가진 사람만이, 전자공학과를 나온 사람만이 가상화폐 투자를 통해 돈을 벌 수 있는 것이 아니라 돈에 대한 근본적인 이해를 하고 가상화폐에 대한 통찰력을 가진 사람은 누구나 대박의 기회를 잡을 수 있다.

현재 비트코인이나 이더리움과 같은 가상화폐를 통해 돈을 벌려면 컴퓨터공학과 정도 나와야 약삭빠르게 돈을 벌 것이다. 보통 사람들은 엄두도 내기 힘들다.

비트코인이나 이더리움을 얻으려고 하면 모든 것이 어렵다. 나 또한 처음에는 개념 자체를 몰라 어려웠고 지금은 그 방향이 어디로 갈지 몰라 어렵다.

여기서 대단히 중요한 이야기가 시작된다.

제2의 비트코인 즉 코인의 구글이 반드시 나온다는 것이다. 지금 거래가 되는 모든 코인들은 야후나 넷스케이프가 인터넷 검색 엔진의 유용성을 증명했듯이 코인의 유용성을 증명하는 데 충분한 코인들이다.

구글이 검색엔진을 통일하였듯이 코인 시장을 통일할 개념의 코인이 반드시 나온다는 것이다. 즉 바람직한 코인이 무엇인가 개념을 밝힌 코인이 이미 증명되었다. 바로 '원코인'과 같은 개념의

코인이다. 바람직한 코인상을 좀 더 세밀하게 정리해 보자

$첫째 가격 변동이 심하지 않은 코인이어야 된다. 상거래와 송금에 쓰이고 저축과 투자 대상의 수요가 존재할 수 있다.

$둘째 거래처리 속도가 마스터카드(1분에 70만 건) 이상 처리하는 능력을 가진 코인이어야 한다. 블록체인의 구동속도이다. 대형 생필품 마켓같이 거래처리 건수가 많은 곳에서 상거래용으로 사용할 수 있다.

$셋째 화폐 수량이 적어도 1,000억 개 이상은 되어야 한다. 그래야 화폐 자체 인플레이션 없이 일상적 상거래에서 사용된다. 너무 희소하면 가격상승 이익을 노리기 위해 보관하는 수요만 있을 수 있어 시장에서 퇴장할 수 있다.

$넷째 금융실명제(KYC= know your customer)를 실행하는 코인이어야 한다. 각국 정부의 규제를 받지 않아야 사용이 용이하다. 적어도 이 정도의 특성을 가진 코인이 시장에 나온다면 향후 폭발적인 인기를 누릴 수 있다.

이 책을 읽는 독자들은 그것을 간파하는 눈을 이 책을 통해서

가지게 될 것이다. 끝까지 읽은 독자들은 반드시 그렇게 되리라 필자는 100% 확신할 수 있다.

　이런 코인이 반드시 준비된 독자들 앞에 혜성처럼 등장할 것이다. 그때 소액을 과감하게 투자하라. 판단기준에 부합된 코인임에도 앞으로의 길이 험난하다고 하여 망설이면 그 기회 또한 지나갈 것이다.

얼마나
벌 수 있을까?

　10만 원으로 60억 원을 3년 만에 번 비트코인 피자집 주인만큼
은 되기가 대단히 어려울 것으로 보인다. 그러나 잘만 하면 그 이
상도 가능할 것이다.

　보통사람인 이 책의 독자들께서도 한 사람도 빠짐없이 충분한
돈을 벌 수 있는 코인의 구글이 태어나리라고 확신한다.

　코인의 이름은 다를지 모르나 지구상의 상거래 금액을 감당할
수 있을 만큼 코인 수량이 필요하다. 필자의 관점으로는 이 책의
원고를 쓰고 있는 지금, 지구상에 바람직한 코인은 딱 2개 있다.
하나는 원코인이고 다른 하나는 리플코인이다.

　앞으로도 1,000억 개 이상 되는 코인이 10개 이상은 나와야 코

인의 인플레이션이 없을 것이다. 그 타이밍을 잡기 위해 지금부터 준비해야 한다. 안테나를 높게 세우고 있어야 한다. 남들보다 먼저 정보를 알면 피자집 주인이 될 것이고 늦게 알면 사용하기 편리한 코인을 사용하는 유저로 남을 것이다.

1억을 투자해서 돈을 벌었다면 그것은 실력이 아니다. 우리 보통사람들은 100만 원, 좀 더 많게는 1,000만 원 정도 들여서 몇십 억을 벌 수 있어야 그것이 실력이라고 할 수 있다.

그래봐야 비트코인 피자 2판으로 60억 원을 번 얘기에 비하면 새 발의 피다. 만약 피자집 주인이 비트코인을 팔지 않고 가지고 있다가 8년이 지난 지금 팔면 600억 원 이상 엄청난 큰돈을 벌었을 것이다.

큰돈을 버는 방법을 쉽게 단도직입적으로 말하면 이렇다.

"바람직한 코인을 선택해서 난이도 초기에 소액의 자금을 투자하여 시간이 흘러 사용자들이 증가하면 코인의 가격이 올라 큰돈을 번다."

아무리 좋은 코인이라도 시장에 처음 나오면 반응들이 대부분 회의적이다. 왜냐하면 그 결과를 예측하기 어렵기 때문이다. 그래서 대부분 사람들이 용기를 내지 못한다. 남들이 다 하고 나면 그때 따라서 한다. 그러면 영원히 2등이다.

작은 돈일지라도 의미 없이 날려 버리는 것은 누구든 아깝다. 혹시나 하는 마음에 용기를 내지 못하고 소액을 아끼다가 정말로 영원한 2등이 되고 만다. 자기 기준에 대한 확신을 가지고 있다면 감당할 범위의 소액을 과감하게 베팅해야 한다.

다시 얘기하지만 비트코인도 처음에는 모두가 사기라고 했고 말도 안 된다고 했다. 심지어 미국 연방준비제도 의장이던 분도 비트코인은 사기라고 했다. 이더리움이라고 해서 별 수 있었겠는가? 리플코인이 구글벤처스에서 투자했다고 해서 사람들이 1원 하던 코인이 300원 된다고 믿었겠는가?

이제부터는 남의 얘기에 귀를 기울이지 마라. 본인의 선택을 믿으면 된다. 우리 독자분들은 기존의 지식으로 무장된 지식인들보다 가상화폐 공부를 더 많이 한 사람들이다. 이제는 남의 생각이 나를 억압하지 못하도록 스스로 주체성을 가지고 잘 생각할 줄 아는 사람들이 되었다. 한 번뿐인 소중한 자기의 인생을 아무 근거도 없는 남의 말에 좌우되어야 하는가?

그럼 얼마를 벌 수 있을까? 금액을 확정적으로 단언하기는 어렵다. 그러나 바람직한 코인이 개발되어 세상에 모습을 드러낸 후 1년 이내에만 채굴에 참여한다면 일반적인 상식 이상으로 큰돈을 벌 수 있을 것이다. 소위 대박이라고 해도 과언이 아닐 만큼.

PART 3

어떤 가상화폐를 선택할 것인가?

가상화폐는 어떻게
취득하는가?

지금은 달러가 모든 화폐의 기축통화가 되어 화폐의 기능을 수행하고 있다. 인터넷의 발달로 국제화가 더욱 진전되면서 달러에 대한 수요가 예전에 비해 훨씬 많아졌다. 미국은 달러를 인쇄기로 찍어내기만 하면 된다. 그래서 미국이 망할 수가 없다.

소위 기축통화의 기능을 담당하는 위력 있는 화폐가 달러이다. 그런데 이런 기축통화 정책으로 인한 부작용이 심각하다. 바로 달러의 통화량이 어떤 기준 없이 인위적으로 증가할 수 있다는 것이다. 그 대표적인 예가 2008년 금융위기이다. 미국 정부가 부동산 버블 붕괴로 인한 미국 경제공황을 막기 위해 4조 달러를 찍어서 전 세계에 뿌렸기 때문에 발생한 것이 바로 금융위기였다.

비트코인이나 이더리움이 초기에는 화폐의 기능을 그런대로 잘 수행했다. 즉 코인의 유용성을 보여주기에 충분했다. 시간이 지남에 따라 사용자들이 많아진 결과 비트코인 가격이 현재의 가격까지 상승했다.

그런데 사용자들의 수가 증가하면서 거래 처리의 속도문제, 익명성 때문에 범죄사용, 가격의 불안정성, 해킹 사건 등으로 인해 정상적인 화폐의 기능을 수행하지 못하는 한계에 다다르게 되었다.

상거래의 편리성을 증진시키고 법정화폐의 문제점을 보완해야 하는 가상화폐 본연의 기능은 사라진 지 이미 오래다. 지금은 이름만 가상화폐이지 거래소나 ICO(intial coins offerings)를 통해 시세차익을 노리는 투기꾼들의 도구로 전락했다.

바람직한 가상화폐의 출현이 무엇보다 절실하다.

하나!
ICO하는 코인을 선택하면 어떨까요?

코인을 개발하는 회사나 개인은 맨 처음에는 개발비가 부족한 것이 대부분이다. 그래서 개발계획 및 백서를 대중들에게 발표를 하고 향후 개빌코인의 비전을 로드쇼를 통해 실감 있게 안내한다. 주로 향후 계획은 거래소 등록 일정이나 현실에서 코인이 어떻게 사용될지 등에 관해 대중들에게 알려준다.

간혹 프리세일을 하기도 한다.

ICO는 Initial Coins Offering의 약자이다. 기업들이 주식을 대중에게 오픈하는 금융기법을 IPO라고 하는 것으로부터 유래된 말이다.

일반 대중들은 코인의 실상을 정확하게 알고 무엇을 할 수는 없다. 코인은 개발자와 최고 경영진만 자신들의 코인을 잘 알고 있을 뿐 그 외 사람들은 기술자나 컴퓨터 공학도라도 정확하게 알기가 어렵다. 그 회사 개발자들 이외는 해당 코인의 개념만 이해할 수 있다.

상황이 이렇다 보니 대기업 이름을 빌려서 코인의 이름을 붙인다든가 어떤 유명한 컴퓨터 IT 전문가가 개발에 참여하거나 자문했다고 하는 방식으로 신뢰성을 높인다.

그리고 어떤 시간 일정으로 거래소에 등록을 추진하고 향후 가격이 어떻게 예상된다는 내용에 의해 일반 대중들은 투자를 결정할 수밖에 없다.

비트코인은 ICO도 없고 프리세일도 없이 시작했지만 지금 엄연히 최고의 가상화폐이다. 이더리움도 처음에는 ICO 같은 것 없이 시작했다. 반드시 ICO를 해야 할 이유가 없다.

보통사람들은 이런 내막을 잘 모른다. 그러다 보니 회사가 제시하는 내용을 믿고 투자를 하였다가 자주 낭패를 본다. ICO를 진행한 코인의 유용성을 미리 파악하기가 너무나 힘들다. 실생활에서 사용해 보아야만 그 유용성을 검증할 수 있다. 백서나 회사의 제안서에 나타난 설명만으로 유용성을 파악하는 것은 우리 보통사람들은 거의 불가능하다.

그러니 ICO을 시행하는 코인의 투자에 조심해야 한다.

둘! 채굴은 어떻게?

물질인 금을 획득하는 방법은 첫째가 금광에 가서 직접 금을 캐는 것이다. 둘째는 상품이나 돈을 주고 거래를 통해 취득하는 것이다. 셋째로 도둑질을 하는 것이다.

가상화폐도 실물의 금과 마찬가지로 취득을 하여 내가 소유해야 한다. 가상화폐 소유 방법은 채굴과 거래 두 가지 방법밖에 없다. 금처럼 도둑질이 불가능하다. 물론 비트코인이나 이더리움은 개인의 전자지갑에 들어 있는 코인을 해킹당하기도 한다. 단지 전체 시스템이 해킹에 의해 무너지지 않는다는 뜻이다. 바로 블록체인이라는 기술 특성 때문에 도둑질 즉 해킹이 불가능하다

가상화폐를 획득하려면 채굴은 어떻게 하고 왜 채굴해야 하는가?

이 채굴 개념을 반드시 정확하게 이해하고 있어야 한다. 가상화폐의 구구단과 같다. 이 채굴을 이해하지 못하면 가상화폐의 첫발을 떼지 못한다. 그러나 너무 걱정할 필요가 없다.

가상화폐의 채굴은 컴퓨터를 장비로 하여 가상화폐 도메인에 매장하여 놓은 암호화된 알고리즘을 컴퓨터 프로그램을 이용해 풀면 된다. 그 프로그램을 채굴 소스라고 부른다. 그 노력의 대가 즉 문제를 풀어낸 보상으로 현재 은행 통장과 같은 역할을 하는 전자지갑에 코인의 숫자가 화면에 찍힌다. 이런 행위 전체를 채굴이라고 부른다.

사토시 나카모토가 물리적인 금광의 현상을 수학적 이미지로 표현한 것이 가상화폐이다. 그래서 금광에서 금을 캐는 행위를 채굴이라고 하는데 그 단어를 그대로 인용한 것 같다.

비트코인의 개발자 사토시 나가모토의 논문에 mining이라는 단어가 나오는데 한글 번역이 채굴이라서 우리는 그냥 채굴이라고 부른다. 왜 채굴이라는 복잡한 과정을 거쳐야 하는가?

💲**첫째** 이유는, 취득자(여기서는 광부라 함) 입장에서는 컴퓨터, 전기요금, 투자시간 등 반드시 자본을 투자해서 얻어야 한다. 그냥 무상으로 얻어지는 것이 아니기 때문에 가치를 갖는다.

금(gold)도 우리에게 공짜로 나누어 주면 기분은 좋을 수 있으나 가치를 갖지 못한다. 만약 공짜로 얻을 수 있는 금을 가지고 옆집 식당에 가서 금을 주고 밥을 달라고 한다면 식당 주인의 반응은 어떨까? 우리는 충분히 상상할 수 있다.

💲**둘째** 이유는, 해킹, 복사, 위조 등 사람들이 쉽게 생각할 수 있는 돈으로서 신뢰를 얻기 어려운 문제를 해결하기 위함이다. 개발자가 한정된 가상화폐 수량을 개발할 때 암호화된 문제를 매장해 놓았다.

암호를 풀면 보상으로 코인이 주어지는데 그때 지폐의 시리얼 번호와 같은 첫 거래 암호가 코인에 생성된다. 이 코인의 거래가 연속적으로 발생할 때마다 위변조를 막는 역할을 하는 가장 중요한 첫 단서가 바로 채굴시 생성된 시리얼 번호이다.

우리가 알고 있듯이 그냥 컴퓨터로 찍어서 주는 포인트와 같은 개념이 아니다. 제품을 제조하듯 동일한 것을 만들어서 전자지갑에 넣어 주는 그런 개념이 아니고 하나하나 독자적으로 창조되어 나오게 하는 것이 채굴이다.

그래서 코인은 혼자 독자적으로 움직일 수 있는 고유 번호를 가지고 있다. 코인 중 맨 처음 채굴되어 나오는 코인을 제네시스 코인(Genesis coin)이라고 한다.

비트코인의 제네시스 코인은 개발자가 처음 100만 개를 먼저 채굴하고 그 이후에 채굴소스를 공개하여 일반인들이 채굴할 수 있게 하였다.

마이닝풀 (mining pool) 탄생

2010년 10월 비트코인의 79,764번째 블록이 처음으로 연합하여 채굴되고 분배되었다. 블록 생성에 많은 이들이 참여하면서 혼자 채굴 작업을 했을 때 보상을 받을 확률이 크게 줄어들었다. 이를 타개하기 위해 채굴자들은 보상받을 확률이 낮은 단독 채굴보다 공동으로 함께 작업하여 보상 확률을 높이고 작업에 대한 기여도에 따라 코인을 분배하는 방식을 택하기 시작했다.

이것이 발전하여 마이닝풀(mining pool)이란 용어가 생겨났으며 현재 비트코인 채굴은 대부분 마이닝풀을 통한 공동 작업의 형태로 이루어지고 있다.

채굴기

처음에는 CPU 채굴방식의 컴퓨터를 채굴기로 사용했다. 2010년 GPU를 중심으로 채굴기가 바뀌면서 기존 채굴자들은 경쟁에서 밀려나는 일이 발생하였다.

사토시 나카모토는 채굴에 대한 견해를 이렇게 밝혔다.

"비트코인 네트워크에서 하루에 만들어지는 코인의 양은 어차피 동일합니다. 빠른 기계를 사용한다고 해서 코인을 가져가는 절대적인 양이 많아지는 것이 아니라 상대적인 비율이 많아질 뿐입니다. 만약 모두가 빠른 기계를 쓰게 된다면 더 이상 이전처럼 많은 비율을 가져가지도 못합니다. 비트코인 네트워크에 도움이 되기 위해서는 GPU를 채굴에 도입하는 것을 최대한 늦추는 신사협정이 필요합니다. 이를 통해 신규 유저의 진입 장벽을 낮출 수 있습니다. 누구라도 CPU를 통해서 공정하게 경쟁하는 지금이 훨씬 매력적인 시스템입니다."

지금은 대부분의 채굴기가 최고 사양의 GPU를 중심으로 구성되어 채굴기 투자비가 대단히 높아졌다. 이것은 경쟁시장으로서 어차피 정해진 난이도에 채굴량이 한정된 관계로 채굴기 투자가 경쟁적으로 상승하여 수익성이 하락하는 원인이다.

2013년 이후에는 채굴만을 위한 전용 채굴기계 ASIC(Application-Specific Integrated Circuit)가 개발되었고, 현재는 대부분의 채굴자(miner)가 ASIC를 사용하여 채굴하고 있다.

다섯! 거래

거래는 두 가지의 방법으로 가능하다.

$ 첫째 먼저 개인과 개인 간에 직접 행할 수 있다. 상대방 전자지

갑의 주소를 알고 있으면 언제나 송수신이 가능하다. 이것은 상대의 전자지갑 주소를 알고 둘이 의사가 합치되었을 때 가능한 일이다.

이것이 바로 P2P(peer to peer)라는 개인 간 인터넷을 통해서 제 3자 신용기관인 은행의 개입 없이 돈을 전달할 수 있는 기술이 바로 가상화폐이다. 이런 점이 기존의 전자화폐나 도토리, 페이 등과 근본적으로 다른 것이다. 기존에 전자화폐라고 통칭했던 것들은 모두 제3자 신용기관인 카드사나 IT회사의 서버를 거쳐야만 거래가 이루어진다. P2P가 아니기 때문에 블록체인을 바탕으로 하는 가상화폐와 근본적으로 다르다.

$ 둘째 거래소라는 곳에 위탁매매를 의뢰하는 것이다. 당연히 이에 따른 수수료를 거래소에 지불한다. 거래소 간 경쟁이 치열해지면서 수수료 경쟁도 심해질 것이다.

한국에도 이런 거래소가 약 20여 개소가 된다고 하니 상당히 많이 있다. 아마 앞으로 더욱 많이 생길 것이다. 대기업들도 이 산업에 뛰어들 것이라는 보도가 간혹 나오고 있는 상황이다. 우리가 잘 알고 있는 주식거래소와 비슷하다.

가상화폐를 몸에 익히기 위해 거래소나 아니면 지인에게 마음에 드는 코인을 사보고 팔아보고 전송해 보기를 권한다. 처음에는 물론 쉽지는 않다. 아무리 쉬운 일도 처음 하는 사람에게는 많이 어려운 법이다.

우선 거래소를 통하여 가상화폐를 취득하는 것을 정리하여 보자 빗썸, 코빗, 코인원 등 대표적인 한국 거래소에 회원으로 가입하면 업무를 어떻게 하라는 내용이 잘 정리되어 있다. 잘 이해가 안 되면 안내전화를 통해 방법을 익히면 된다.

이 책을 읽는 독자 분들은 충분히 스스로 그 정도는 해결할 수 있을 것이라고 믿기에 상세한 내용을 기술하지는 않겠다. 필자도 2016년 5월 가상화폐 거래소에 계정을 만들면서 거래소 직원들과 여러 차례 통화한 기억이 선명하다.

그냥 시중 은행에서 은행통장 하나 만든다고 생각하면 된다. 다만 컴퓨터로 하기 때문에 컴퓨터를 잘 못하는 보통사람들은 쉽지 않다. 그러나 필자의 주위에 연세가 많은 60세가 넘은 지인들도 시간이 지나니 모두 박사가 되는 것을 보았다.

거래소는 거래수수료를 바탕으로 생존하는 사업이다. 진입장벽이 낮아서 향후 재원이 많고 기술력이 있는 대기업 중심으로 재편될 것이다. 또한 그래야 일반인들이 거래소를 신뢰하고 가상화폐 거래소를 통한 거래를 마음 편히 할 수 있기 때문이다.

요즘의 가상화폐는 거의 도박장 수준의 거래형태를 보이고 있어 많은 사회적 문제를 야기한다. 거래소의 도덕적 해이도 심각한 수준이다. 물론 건전하게 거래를 중개하는 곳도 있지만 악의적 거래행태를 보이는 거래소도 상당수 있는 것으로 판단되어 중국에서는 거래소를 폐지하는 강수를 들고 나왔다.

바람직한 거래소 모양은 투기적 거래를 금지시키고 은행과 같은 해외 송금업무와 코인의 환전업무로 제한하여야 할 것 같다. 거래소의 규모가 증가하고 자본금이 증대하면 코인의 예금이나 대출 기능을 허가할 수도 있을 것 같다.

가상화폐는
무슨 역할을 하는가?

　이제부터 본격적으로 바람직한 가상화폐가 어떤 것인지 우리가 찾아가고자 하는 목적지를 올바르게 설정해야 한다. 먼저 가상화폐가 화폐로서 어떤 기능을 해야 하는지를 잘 알아야 한다.

　마땅히 해야 할 기능을 완벽히 수행하는 가상화폐야말로 유용성이 좋아서 인기가 있고 당연히 찾는 사람이 많아져서 가격이 올라가는 것은 당연한 이치이다.

　가상화폐도 화폐로서 기능을 수행해야 한다. 그 화폐가 디지털이란 형태로 새롭게 태어난 것이 가상화폐이다.

　앞에서 살펴보았듯이 화폐는 물품화폐 → 금속화폐 → 지폐 → 카드, 페이 → 가상화폐 순으로 발전하여 왔다.

좀 더 쉽게 얘기하면 상거래의 규모가 커지고 기술이 발전하면서 물질화폐에서 디지털 화폐로 진화했다고 할 수 있다. 약 500여 년 전 지폐가 처음 나왔을 때 거부 반응이 심했다. 화장실에서나 사용하는 종이가 어찌 돈이 된다는 말인가 의심하여 거래의 매개 수단으로 사용하지 않았다.

그래서 이 종이를 가지고 오면 금으로 바꾸어주는 종이라고 인쇄해 줘야 사람들이 드디어 화폐로서 기능을 인정했다. 그러다가 이제는 각 나라의 중앙은행에서만 발행하고 경찰이 화폐 위조범을 막아준다는 신뢰가 생기면서 금 교환 약속 문구가 사라진 그야말로 종이가 돈으로 사용되고 있다. 우리가 그냥 종이에 찍힌 숫자를 신뢰하는 상황에 다다른 것이다.

디지털 전자 신호로 이루어진 가상화폐 효시인 비트코인이 2009년도에 세상에 처음 나왔을 때도 박사 학위가 있는 사람이나 일자무식인 사람이나 모두 화폐가 불가능하다고 강한 거부감을 드러냈다.

화폐는 시대가 변하고 기술이 변하면서 그 환경에 맞는 형태로 진화하는 것이라고 생각하는 것이 올바르다.

화폐의 일반적인 기능의 첫 번째는 바로 거래의 매개기능이다. 즉 물건을 사고 파는 데 매개의 기능만 하면 된다. 그 자체의 가치나 내용은 변함이 없고 거래가 이루어지기 편리하도록 하는 기능이다.

현재 시중에 나와 있는 비트코인을 비롯한 그 아류 코인들인 이더리움, 라이트코인, 대쉬코인 등은 상거래 기능을 제대로 수행하는 데 큰 문제가 발생했다. 처음에는 사용자도 적고 가치도 비교적 안정되어 일부에서나마 상거래 매개 기능을 수행했다. 그러나 사용자가 많아지는 현상이 발생하면서 속도, 범죄이용, 가격의 불안정함 등으로 인해 화폐로서의 기능을 상실하게 되었다.

그 문제의 원인은 크게 두 가지이다.

$첫째 가격의 변동성이 너무 심하다. 9년째 되는 비트코인을 물품대금으로 받아주겠다고 공식적으로 공표한 곳이 지금 전 세계 몇 곳이나 되는가? 얼마 전 어떤 신문기사에 8,000여 곳이 된다고 나온 것을 보았다. 그것도 전화를 해보거나 찾아가면 받지 않는 곳이 태반이라고 한다.

이것은 무슨 현상인가? 지금 각 거래소에서 1천만 원 넘게 사고 팔리는 비트코인을 상품대금으로 받지 않는다는 것은 놀라운 사실이 아닌가? 혹시 벤츠를 파는 사람들이 무식해서 비트코인을 몰라서 그러는 것 아닌가 하는 생각을 할 수 있다.

벤츠는 기계공학과 컴퓨터 전자공학이 어우러진 최첨단 과학문명의 집합의 자동차이다. 최고의 발명품인데 이런 것을 다루는 사람들이 비트코인을 몰라서 안 받겠다는 뜻은 전혀 아니다.

바로 가격의 변동성이 심해서 물품대금으로 받았을 때 위험이 크기 때문에 비트코인을 받지 않는 것이다. 가치가 숫자로 일정하게 새겨진 현금이나 현금의 충전 형태인 카드나 페이를 받는 것이다.

비트코인 가격이 반드시 올라간다는 보장만 있다면 비트코인을 물품대금으로 받지 않을 이유가 전혀 없다. 그러나 이번에는 반대로 비트코인을 소유한 사람이 비트코인으로 물건을 사려 하지 않을 것이다. 가지고 있으면 가격이 올라갈 것이 뻔한데 굳이 비트코인을 주고 물품을 구매하지 않기 때문이다.

그럼 이것은 또 무슨 얘기란 말인가?

가격의 변동성이 심한 코인들은 화폐의 기능이 없고 단지 투기의 수단일 뿐이라는 것이다. 이런 점을 명확하게 알고 있어야 올바른 가상화폐가 드디어 눈에 보인다.

💲**둘째** 요즘에 들어서야 확인된 문제이다. 바로 거래 승인시간 문제이다.

1초에 7건을 처리하는 비트코인 블록체인 구동 속도는 사용자가 2,000만 명 정도에 이르자 한계를 드러냈다. 요즘에 비트코인을 송금해 보면 한두 시간 걸리는 것은 기본이며 승인이 안 날 때도 많아 사람 애간장을 녹인다.

가상화폐로 송금이나 물품을 구매할 때는 신용카드처럼 승인이라는 것이 필요하며 시간이 소요된다. 이 문제를 아는 사람들이 많지 않다. 왜냐하면 사용자가 작을 때는 블록형성 승인시간이 10분 정도 걸렸다. 원래 비트코인의 거래승인시간이 10분짜리이기 때문이다. 물론 이더리움도 거의 비슷한 수준이다.

마스터카드 등 신용카드 승인시간은 1분에 약 70만 건 정도라고 한다. 신용카드는 세계 어디서나 잘 사용하고 있다. 그럼 신용카드 정도의 처리 속도를 가진 가상화폐라야 일상생활 속에서 돈으로 쉽게 상용할 수 있다고 생각하면 그것이 바로 정답이다.

위의 두 가지 원인으로 인해 온라인 쇼핑몰 결제수단으로 비트코인, 이더리움 등 현재 가상화폐를 받겠다는 곳이 단 한 곳도 없다. 이 점을 지적하는 신문기사를 본 적도 없고 본인이 가상화폐 전문가라고 책까지 내는 컴퓨터 공학도도 지적하지 못하고 있다.

그럼 이제는 답이 간단해졌다.

거래처리 속도는 현재 신용카드 정도 처리속도를 가진 블록체인을 가지고 있어야 하며, 가격의 변동성이 없는 즉 가격이 급락하지 않으며 안정적인 가치를 지닌 코인이 코인의 구글이라고 할 수 있다. 어떤 책에서는 이더리움이 코인의 구글이라고 주장하나 그것은 코인이 어떤 기능을 수행해야 하는지 정확하게 모르고 하는 소리다.

둘!
송금

가상화폐로 해외 송금을 어떻게 하는가? 가상화폐의 해외 송금은 기존 지폐에 비해 엄청 빠르고 쉽고 비용이 적게 든다. 이렇게 위대하기 때문에 화폐는 가상화폐로 진화할 수밖에 없다. 지금까지 해외송금은 달러를 사서 송금하고 있다. 그 중간 과정에 제3자 신용기관인 은행들이 여러 곳이 관계한다. 그래서 시간이 걸리고 송금 비용이 많이 발생한다.

한국에서 아프리카로 돈 1,000만 원을 보내 보라.

한 달 걸리고 약 100만 원 정도의 송금수수료가 발생한다. 가히 살인적인 송금수수료이다.

TED.COM에서 remittance라고 검색하면 인도 출신의 경제학자가 해외 근로자들이 모국으로 송금하는 소액 송금비용을 줄이자고 문제를 제기하는 연설을 하는 것을 볼 수 있다. 얼마나 간절한 표정으로 연설을 하던지 너무 안타까웠다. 그러나 은행들이 비용을 낮추어 줄까? 집토끼를 내 보낼 리가 없다. 그리고 기술적으로 낮출 수도 없다.

세계은행(world bank)의 자료를 보면 약 1.5억 명이 인도나 아프리카 등 후진국에서 유럽, 미국, 우리나라 등 선진국에 나가 일을 하고 있으며, 1년간 자국으로 송금하는 금액이 6,500억 달러라고 한다.

그래서 티베트, 파키스탄, 필리핀, 베트남 등 후진국 노동자들이 한국의 엘리트보다 가상화폐 비트코인 송금 방법을 훨씬 잘 알고 있다. 그들에게는 생존의 문제이기 때문이다.

가상화폐를 이용하여 해외 송금하는 업무프로세스는 아래의 이미지와 같다.

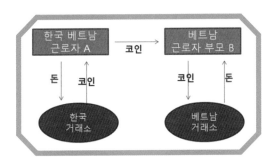

〈송금 업무 프로세스 이미지〉

위의 그림에서 보면 A로부터 B에게 돈이 완벽하게 송금되었다. 비트코인으로 송금한다면 30분 만에 송금 수수료 500원 정도에 1,000만 원을 순식간에 송금한 것이다.

베트남 근로자 A가 현재 한국 시중은행에 가서 송금한다고 해보자.

말도 서툴고 또한 몇십만 원 소액을 들고 은행을 가면 직원들이 천대하며 소액을 송금하는 서러움을 당하는 일은 불을 보듯 뻔하다. 세계 여러 나라에 나가 있는 해외 근로자들이 자국으로 송금하는 소액 수수료 문제 해결과 시간을 해결하는 지름길은 가상화폐가 정답이다. 즉 가상화폐에 대한 needs가 반드시 있다는 것을 의미한다.

그럼 현재에 나와 있는 비트코인이나 이더리움 등 소위 대표적인 코인들이 송금 기능을 완벽하게 수행하고 있는가를 분석해 보아야 한다. 이 코인들이 송금기능을 완벽히 수행하면 코인의 구글이 될 것이고, 이 기능을 수행하지 못하면 코인의 야후가 될 것이 분명하기 때문이다. 현재 나와 있는 코인들은 해외송금기능을 수행하는 데 해결하기 어려운 큰 한계가 있다.

💲첫째 서래승인시간 때문이다. 송금도 상거래 매매기능의 일종으로서 해외 수취인이 받았다는 사인을 보내와야 송금이 완료되는데, 트랜젝션 타임이라고 한다. 앞에서 신용카드 승인시간과 같은 것이 가상화폐의 승인시간이다.

2015년만 하더라도 사용자가 많지 않아서 10분 정도 승인시간이 걸렸는데 2016년 9월 현재 비트코인의 경우 2,000만 명 이상 사용하는 것으로 나타나서 승인시간이 하루가 걸릴 때도 많다.

전자지갑주소(현행 은행통장 계좌번호와 같은 개념)가 문자와 숫자의

40여 자리로 이루어져 있다. 익명성의 가상화폐 특성상 지갑주소가 틀리면 엉뚱한 곳으로 송금이 된다.

만약 1억을 송금했는데 상대방이 받았다는 사인이 없으면 하루 종일 발을 동동 구를 수밖에 없다. 이런 가상화폐를 사서 해외 송금용으로 쓸 수 있겠는가?

💲**둘째** 가치의 불안정함과 각 국가 거래소마다 가격 차이가 많이 난다.

특히 한국이 다른 나라에 비해 가상화폐의 가격이 높다. 그러니 한국에 있는 해외근로자들이 비트코인이나 이더리움을 사서 자국으로 송금하면 20%가 즉시 손실나기도 한다.

그리고 해외 송금을 하려고 거래소에서 비트코인이나 이더리움을 샀는데 회사 상사가 무슨 일을 시키거나 긴급한 일이 발생해 송금을 미처 못할 수도 있다. 그런 시간에 가격이 30%로 떨어지면 또 무슨 낭패인가?

또한 고향에 계신 부모님이 가상화폐를 받아서 팔 때 가격이 반토막 나면 이것 또한 큰일이다.

가상화폐가 송금기능을 완벽하게 수행하려면 금융실명제가 있어야 하고 거래승인시간이 신용카드 승인 시간 정도가 되어야 불편하지 않다. 그리고 전 세계가 단일가격제를 실시하며 가격변동성이 없어야 한다.

이런 가상화폐를 개발하거나 출현했을 때, 초기에 채굴로 획득하거나 거래를 통해 취득하면 2010년 비트코인 피자가게 주인이 될 수도 있을 가능성이 대단히 높다.

이 책을 읽는 독자들은 이 점을 정확하게 인식하고 있어야 한다. 곰곰이 생각하면 필자가 제시한 기준들이 대단히 객관적이고 불가능한 것도 아니라는 것을 생각해 낼 수 있을 것이다.

셋! 저축

사람들은 경제활동을 통해 얻은 수익 중 소비하고 남은 것을 저축하며 살아간다. 부동산이나 기타 동산으로 저축을 하지만 화폐 자체를 저축한다. 지금은 물가상승률이 너무 높고 저금리 시대라서 적금을 많이 들지 않고 재테크에 현금이 몰리는 현상이 일반적이다.

한국도 일본처럼 마이너스 금리시대가 오면 은행에 돈을 맡기는 비용을 지불하고 돈을 맡겨야 할 것이다. 그것이 싫으면 집에 금고를 사다 놓고 그 안에 현금을 저축으로 보관하여야 한다.

현재 거래되는 비트코인 등 기존 가상화폐는 저축기능을 잘 수행하고 있는가?

비트코인이나 이더리움이 가격이 비싸고 초기보다 많이 올랐다고 하여 1억 원어치를 사서 저축하고 살아갈 수 있을까? 쉽지 않은 일일 것이다. 요즘 시중에 나와 있는 가상화폐 관련 어떤 저자는 이더리움이 100만 원까지 오를 것이니 투자하라고 한다. 물론 올라갈 수도 있다. 1억 원이 없어도 되는 여유 있는 사람이라면 모를까 보통사람들은 그렇게 결정하기 쉽지 않다. 매일매일 불안해서 일상이 제대로 유지되기 어려울 것이다.

안정적인 가치를 유지하며 물가 상승률 정도 가치가 상승하는 가상화폐가 있다면 어떨까? 보통사람들이 마음 편하게 저축의 용도로 가상화폐를 보유할 것이다.

가상화폐가 저축 기능을 완벽히 수행하려면 먼저 안정적인 가치를 유지하며 향후 물가상승률을 반영해야 한다. 그리고 금융실명제가 완벽해야 한다. 해킹이나 도난을 방지하기 때문이다. 캐시보다 가상화폐가 저축기능을 수행하기 좋다. 보관비용도 들지 않고 도난을 당하지도 않기 때문이다.

그리고 요즘 신문지상에서는 비트코인이나 이더리움 등의 코인을 해킹당했다는 소식이 간간이 나온다. 특히 빗썸 등 거래소에 보관되어 있는 코인들이 털렸다는 소식이 나올 때마다 몹시 걱정이 된다. 이런 소식이 많아지면 코인을 사서 전자지갑에 저축으로 갖고 있다는 것 자체가 스트레스고 불안한 사항이다. 이렇게 해킹당하지 않는 코인에 대한 저축수요가 높아서 코인의 가치가 안정적으로 유지될 것이다.

해킹이 무용하게 하려면 바로 금융실명제, KYC를 엄격하게 준수하는 코인을 가지고 있으면 절대 안심이다.

투자의 대상

달러의 환율이 올라갈 것이 예상되면 달러를 사서 보유한다. 한국 시중은행도 이제는 외환통장이 별도로 있다. 화폐 그 자체가 투자 대상이 되기도 한다. 물론 한국 돈은 투자 대상이 되지 않지만 달러, 유로화 등은 돈 그 자체가 투자의 대상이 되기도 한다. 그러면 또 다시 비트코인 등이 투자의 대상으로서 기능을 충분히 수행하는 조건을 충족한 화폐인가?

한마디로 아니다. 이미 투기 대상이지 투자 대상은 아니기 때문이다. 투자란 과학적, 합리적인 근거를 바탕으로 가격 변동이 예상되고 가치유지의 근본이 있는 재화여야 투자의 대상이다.

그런데 가상화폐는 수요공급에 의해 가치가 인정되나 유용성이 없는 가상화폐라면 하루아침에 이슬처럼 가치가 사라질 수 있기 때문이다.

현재 금(gold)을 잘 생각해 보자. 금 그 자체로는 가치가 없으나 희소하고 많은 사람들이 사회적 합의에 의해 신뢰하기 때문에 투자 대상으로서 기능을 잘 수행하고 있다.

그러나 금은 상품거래기능, 송금기능, 저축기능의 기능을 수행하기 어려운 불완전한 화폐이다. 금 이외의 대안 물질이 발견되기 이전에는 금의 가치가 쉽게 사라지지 않을 것이다.

가상화폐는 인간이 개발하는 것이고 누구나 쉽게 개발할 수 있기 때문에 희소성을 담보하기도 어렵다. 그래서 코인의 구글이 나타나면 인터넷 검색엔진의 야후가 될 것이 분명하다.

$ 화폐비교

지구상에 존재하는 돈을 크게 금, 법정화폐, 가상화폐 이렇게 분류할 수 있다. 신용카드, 페이 등은 법정화폐의 충전 개념이라서 법정화폐의 사용 편리성을 향상시킨 다른 형태의 법정화폐이다.

법정화폐란 법이 가치를 정한 화폐로서 미국은 달러, 한국은 원화이다. 대다수의 많은 사람들이 법정화폐의 가치를 정부가 보증한다고 한다. 그것은 잘못된 개념이다. 발행은 정부 중앙은행이 독점하지만 정부가 가치를 보증하여 주지는 않는다.

누군가가 만 원을 들고 한국은행에 가거나 경제기획원에 가서 만 원의 가치에 해당하는 무엇을 달라고 하면 정신 나간 사람 취급을 당할 것이다. 종이를 들고 와서 무슨 생떼냐고 할 것이 뻔하다. 다만 헌 돈을 한국은행에 들고 가면 신권으로는 바꾸어 줄 것이다. 이 행위가 가치를 보증하는 것은 절대 아니다.

오늘 만 원을 가지고 냉면 한 그릇을 먹을 수 있다고 가정하자. 3년 후 냉면의 가격이 2만 원으로 올라가면 원화의 가치는 떨어지게 되어 있다. 떨어진 가치를 정부가 책임을 진다면 가치를 보증한다고 할 수 있다.

오히려 중앙정부는 법정화폐의 가치를 보증하는 것이 아니라 떨어뜨리는 역할을 한다. 화폐 발행량을 늘려 인플레이션을 야기하기 때문이다. 이 책의 독자들은 2008년 세계금융위기는 미국 중앙은행이 달러를 남발해서 생긴 사건임을 한시도 잊어서는 안 된다.

여기에서 화폐에 대해 자세하게 설명하는 이유는 독자들이 화폐 자체에 대해 깊이 있게 배운 적이 없고 책을 찾아 자료를 보기도 어렵다. 그래서 일반인들이 가상화폐를 이해하는 데 많이 힘들어 한다.

필자가 많은 사람들과 강의도 하고 대화도 하면서 사람들이 가상화폐를 이해하는 데 왜 힘들어 하는지 깊이 있게 관찰했다. 경제학을 배우지 않아서 그럴까? 그럼 경제학을 배운 사람들은 이해를 잘 할까? 오히려 경제학을 배운 사람들이 가상화폐를 더 이해 못하는 것 같다.

필자가 그 원인을 발견했다. 지식인이건 아니건 우리는 돈에 대해 깊이 있게 연구하거나 생각하지도 않았다. 필자도 경제학을 전공했지만 경제학 서적엔 돈에 대해 간략하게만 기술되어 있을 뿐 어떤 실마리를 제공하는 깊이 있는 질문이나 의문도 없다. 단지 돈을 어떻게 벌고 어떻게 사용하는지 이런 것에만 학문적으로 접근이 많이 되어 있다.

돈에 대해 즉 법정화폐에 대한 막연한 신념이나 이데올로기를 가지고 있는 것 같다. 태어나면서부터 보아온 돈이고 돈이 우리 생활에 얼마나 중요한지 잘 알기 때문에 어떤 믿음이 생겨서 고착화된 것 같다. 돈은 반드시 변한다고 앞에서 살펴보았다.

1. 금

금이 금 노릇을 하는 이유는 무엇일까? 금이 돌덩이처럼 많다면 어떤 일이 생길까? 이런 질문을 던져 보면 금방 답을 찾을 수 있다.

금은 우리 인간의 역사 경험에 비추어 희소하다는 것이 증명되었다. 인간의 과학문명이 발달하여 금광을 한창 개발할 당시 수많은 금광 사기꾼들이 들끓었다고 한다. 지금의 가상화폐 사기꾼들처럼 말이다.

지금 현재 누군가가 개인이 자기가 금광을 발견했다고 하면서 돈을 요구하면 사기꾼이라고 치부하면 간단하다. 수많은 전문 인력과 장비를 갖춘 대기업도 금광을 발견하기 어렵다.

그런데 일개 개인이 어찌 금광을 발견하랴. 역사적 경험을 통해 우리는 금광이 쉽게 발견되지 않는다는 신념을 가지고 있어 희소성에 대한 신념이 생겼다. 금이 지금까지 돈의 왕좌 자리를 누리고 있다. 가장 안전한 금융자산이기도 하다. 물론 지금까지이다. 향후는 가상화폐에 그 자리를 넘겨줄 것이다.

2. 법정화폐

법정화폐는 각국 중앙은행이 독점 발행권을 가지고 있다. 법정화폐도 희소성과 국가권력에 대한 신뢰를 기반으로 사람들 사이에 돈으로 통용이 된다.

법정화폐가 무슨 희소성을 전제로 하느냐고 반문할 수 있다. 인쇄기로 찍어내는 지폐가 희소성이라니! 제 2차 세계대전이 끝날 무렵 독일 가정주부들이 불쏘시개로 지폐를 태우는 사진을 역사 교과서에서 볼 수 있다. 이것은 무엇을 말하는가?

형태만 돈이고 이름만 돈이지 불쏘시개가 아닌가? 돈이란 이것을 주면 상대가 무엇인가 대가를 지불해야 하기 때문이다. 불쏘시개로 사용하는 돈은 필자가 도화지에 돈이라고 쓰고 숫자를 적어 놓은 것과 본질적으로 동일하다. 그래서 돈이 아니다.

법정화폐도 희소성을 잃으면 돈이 안 된다는 것을 설명하는 좋은 예이다. 지금 북한에서도 북한 돈이 달러나 위안화보다 대접을 못 받고 있다고 한다. 3대 세습으로 이어지면서 화폐개혁을 단행하고 신권을 남발하여 돈의 가치를 인정받지 못하고 있기 때문이다.

예를 들어 우리나라가 일본을 식민지화시키면 일본 돈이 국제사회에서 돈으로 인정받을 수 있을까? 즉 국가권력 기반을 잃게 되면 사람들이 신뢰를 하지 않아 돈으로서 기능을 상실한다.

그래서 법정화폐는 희소성과 국가권력이라는 신뢰의 근거가 사람들에게 신뢰를 받아야 돈이라고 할 수 있다.

3. 가상화폐

가상화폐는 여러 나라에서 법으로 돈(화폐)이라고 정의를 내렸다. 2016년 5월 25일 일본은 '교환기능이 있는 재산적 가치'로 법적 정의를 내리고 상품이 아닌 화폐라고 법을 공표했다.

비트코인, 이더리움 등 가상화폐는 실제 화폐로서 각 나라에서 활발하게 거래되고 있다. 그리고 법으로도 실제로도 돈이 되었다. 가상화폐의 기술설명 시 좀 더 상세하게 다룰 것이다. 그 부분 독자들은 참조하기 바란다.

가상화폐는 신뢰의 기반이 무엇이길래 화폐로서 기능을 할까? 세계 어떤 경제학 책에도 없는 질문이고 네이버에도 여기에 대한 답이 없다. 이 책을 읽은 독자들은 앞으로 확실하게 답을 할 수 있다.

가상화폐도 희소성을 전제로 블록체인이라는 기반기술을 신뢰의 기반으로 한다. 희소성은 금과 법정화폐와 마찬가지이다. 화폐는 희소성을 상실하면 돈이 될 수가 없다. 가상화폐는 블록체인이라는 기술을 신뢰의 근간으로 하는 것이 금, 법정화폐와 다를 뿐 금과 법정화폐 두 가지 화폐 속성을 모두 가지고 있다. 거기에 사용편리성과 경제성이 기존 화폐에 비해 월등하기 때문에 가상화폐가 역사적 의미가 있다.

해킹이 되거나 쉽게 분실되거나 이러면 화폐로서 신뢰를 받을 수 없다. 블록체인이라는 기반기술이 이와 같은 문제를 해결하여 사용자들에게 신뢰를 얻은 것이다. 물론 인터넷을 통하여 돈을 전달할 수 없다고 생각한 사람들이 해결하지 못한 문제, 즉 이중지급을 해결한 것도 블록체인의 덕분이다.

물론 블록체인은 가치를 기록하는 기능도 있고 아직까지 적용분야를 개발하지 못한 것도 많이 있다. 이런 분야들은 가상화폐의 문제가 아니고 엔지니어들 즉 전문가들의 영역이다. 우리 보통사람들이 블록체인 혁명에서 주인공으로 자리할 수 있는 것은 가상화폐를 채굴하는 일이다. 이 점은 꼭 명심하고 있어야 한다.

4. 소유권의 완전성

금과 가상화폐는 소유권을 개인이 완전히 장악한다. 법으로 사용을 금지하더라도 누구라도 빼앗아 갈 수가 없다. 법정화폐는 내 수중에 5만 원 권이 아무리 많아도 법으로 내일부터 사용을 금지하면 그것은 돈이 아니고 종이에 불과하다.

2016년 인도의 고액권 사용금지 법안과 북한의 화폐개혁 등은 법정화폐의 불완전한 소유권을 잘 말해주고 있다.

5. 가상화폐가 대세?

지구촌 역사가 시작되고 어느 순간에 각 나라가 지폐라는 것을 돈으로 사용하다가 이제는 가상화폐로 전환되려고 하는데 정말 그럴 것인가? 반드시 가상화폐로 전환된다면 국민 누구나 알아야 할 필수 교양과목이 될 것이고 그럴 수도 있고 아닐 수도 있다면 공대 나온 공학도만 알면 될 일이기 때문이다.

2014년 미국의 유명한 금융회사 골드만삭스는 "향후 금융거래의 대세는 가상화폐이다."라고 결론을 내리고 5,000만 달러를 투자하여 가상화폐 및 블록체인 연구에 매진했다. 그 결과 2017년 9월 지금 골드만삭스가 가장 앞에서 가상화폐 산업을 리드하고 있게 된 것이다.

한국 금융사들은 2016년부터 R3cev라는 블록체인 연맹에 가입하기 시작해서 연구에 참여하고 있다. 그런데 필자가 간간이 들려오는 뉴스를 보면 매진하고 있지는 않고 남들이 어찌하나 하고 곁눈질 정도 하는 분위기를 느낀다.

위의 얘기들을 하나의 표로 만들어 비교해 보고 화폐의 기능도 같이 비교해보면 한눈에 이해하기 쉽게 들어온다.

구 분	금	법정화폐	가상화폐
신뢰의 기반	희소성	희소성	희소성
	역사적 경험	국가권력	블록체인
상거래 기능	휴대 및 소액분할이 어렵다.	권종별로 분할 가능하고 휴대가 간편함	10원까지 결제 가능하고 휴대하지 않아도 됨
송금기능	비용이 많이 든다.	인터넷 발달로 손쉬움, 시간과 비용이 발생	1분 안에 세계 어느 곳이나 비용 거의 없이 송금가능
저축기능	물가상승분 반영 하나 보관비 과다	마이너스 금리 및 은행보관료 발생	물가상승분 반영 보관비 제로
투자의 대상	투자의 대상	기축통화는 환율차익 투자의 대상	투자의 대상
시스템 운영비용	보관비 발생	재발행 및 은행 시스템 유지 비용	유지비용 없음

ELECTRONIC COIN

가상화폐 시장은
어떻게 이루어져 있나?

하나!
개발자

블록체인이라는 가상화폐 기반 기술을 다루는 엔지니어라면 누구든지 가상화폐를 개발할 수 있다. 한국에서도 공식적으로 2개의 가상화폐가 개발되었다. 2017년 프리세일을 실시한 보스코인과 현대DAC코인이다.

지금까지 세계적으로 개발되어 거래소에서 거래되는 코인이 1,000여 개가 넘는다고 하니 가히 놀랍다. 그런데도 앞으로 더 많이 개발되어 나온다고 한다. 필자도 거기에 동감한다. 그 수많은 코인의 개발자가 얼마나 유명한지 알 수가 없다. 각 코인마다 특징이 조금씩 다르다.

그러나 화폐는 사회, 정치, 경제, 문화 등 모든 것을 망라한 총체적인 개념이 바로 화폐이다. 엔지니어적 기술이 있다고 해서 코인만 털썩 개발해서 시중에 내놓은 코인이 대부분이다. 기술자 중심의 사고방식을 가지고 있다면 이런 우를 범할 소지가 다분하다. 코인은 기술도 중요하지만 화폐로서의 유용성을 어떻게 증명할 수 있는지 다양하고 강력한 마케팅 지원이 있어야 한다.

둘! 채굴자

개발된 코인은 전기세, 채굴기 등 자원을 들여 암호화된 알고리즘을 해독하여 전자지갑으로 옮겨야 한다. 이런 활동을 하는 사람들 즉, 컴퓨터의 노가다꾼들을 채굴자(광부 miner)라고 한다.

이들이 없으면 가상화폐는 한낱 전자쓰레기에 불과하다. 가상화폐의 생태계에서 반드시 있어야 할 구성요소다. 이들은 시간이 지남에 따라 가상화폐의 가치가 상승되어 투자수익을 얻을 목적으로 자원을 투자한다.

조금 더 많은 자원을 경쟁적으로 투자하다 보니 여럿이 자원을 합쳐서 채굴을 하는 공동 채굴자(마이닝풀 minig pool)가 생기거나 대형 자금을 들여 채굴장을 차려 놓고 비용을 받고 채굴을 대행해

주는 채굴대행사도 생긴다. 채굴 시장은 경쟁시장이다. 코인의 채굴수량을 이미 프로그램으로 한정시켜 놓았다. 채굴기의 성능에 따라 상대적인 보상이 결정됨으로 광부들이 채굴기 사업에 자원을 쏟아 부었다가 더 큰 대형 채굴자에게 밀려나는 사례가 발생한다.

사용자

가장 중요한 것이 바로 사용자이다. 아무리 좋은 코인을 개발하고 채굴자들이 채굴하여 시장에 공급하더라도 사용자가 많지 않으면 결국은 가상화폐라는 전자쓰레기가 생기게 된다.

가상화폐의 가치는 유저 수와 사용자 편리성에 의해 결정된다. 사용자 편리성(usability)이 좋으면 사용자들이 많게 되고 그 가상화폐는 높은 가치를 지닌 코인이 되는 것이 가상화폐 가치론이다.

시중에 가상화폐 전문가라고 하여 강연이나 책을 출판하는 사람도 이런 단순한 상식을 모르는 것이 대부분이다. 그래서 유명한 컴퓨터 천재가 개발해서 미래가치가 있다는 등 스마트 컨트랙이 있는 블록체인이라서 미래가 보인다는 등의 주장을 한다.

사용자들은 쉽고, 빠르고, 안전하고 그리고 저비용으로 가치를 전송할 수 있는 코인을 사용하게 될 것이다. 이것이 가상화폐가 지폐보다 우위에 있는 점이다. 그래서 미래의 지불수단은 지폐가 아닌 가상화폐가 된다는 것이다.

코인의 유용성을 결정하는 요인들에 대해서는 기술편에서 상세하게 설명할 것이니 독자들은 참조하기 바란다.

넷!
거래소

가상화폐는 금과 같아서 누가 가지고 있는지 알 수가 없다. 그래서 금과 같이 다수의 대중이 거래할 수 있는 거래소가 필요하다. 실제 물건이 움직이는 것이 아니고 사람들이 증권거래소처럼 모이는 것도 아닌 인터넷상에서 거래하는 거래소가 필요하다.

그러다 보니 소규모의 자본으로 시작할 수 있다. 현재 한국에서 유명한 거래소도 일산 등 소도시 오피스텔에서 시작한 경우가 대부분이다.

거래소는 각 국가별로 상이하고 거래소별로 취급하는 코인의 종류도 다르고 가격도 다르다. 그렇다 보니 코인별 시세를 한 눈에 볼 수 있는 사이트의 필요성이 등장했다. 이런 요구사항을 충족시켜주는 서비스를 하는 곳이 코인마켓캡(http://coinmarketcap.com)이다. 전 세계 가상화폐에 관심 있는 사람들은 한 번씩 이 사이트에 접속한 경험이 있을 것이다.

코인 전문가라고 자처하며 책을 출판한 저자도 위 사이트에 나오지 않는 코인은 가짜라고 한다. 참으로 어처구니없는 말이다. 이 사이트가 바람직한 코인이냐 아니냐를 결정하는 기준점은 아무것도 제공하지 못한다.

오히려 일반 대중들에게 사기를 치게 하는 빌미만 제공한다. ICO라는 것을 통해 코인을 개발한 후 다른 나라의 코인거래소에 거래를 위탁시키면 코인마켓캡에 올라온다. 유용성은 전혀 없는 코인인데 여기에 올라왔다고 광고를 하고 다니면서 무지한 가상화폐 초심자들을 유혹한다.

이 책을 읽는 독자들은 이제 유용성이 있는 진짜 코인이 무엇인지 볼 수 있는 눈이 점점 뚜렷해질 것이다.

사실 진정한 가상화폐는 거래소가 필요 없다. 거래소가 필요하다면 은행과 같이 돈을 전송하는 기능이나 환전의 기능을 가진 거래소는 필요하기도 하다. 그것도 당분간이다. 그래서 거래소에 등재가 안 된 코인이라도 상거래에서 사용되는 코인이 있다면 그것이 바람직한 코인이다.

다섯!
재단이나 중앙관리자

재단(Foundation)이나 중앙관리자가 있다. 비트코인은 최초에 비트코인 프로그램을 개발하고 대중에 전파하며 비트코인 생태계를 구성하기 위해 설립된 비영리기관인 재단이 있다.

재단은 제3의 독립된 기관으로 비트코인을 교육하고 비트코인 생태계가 구성될 수 있는 여건을 마련하기 위해 노력하고 있다. 이더리움은 개발자가 재단을 직접 운영하고 있다.

원코인 같이 중앙관리형 회사는 중앙관리자가 있다. 국가별 가상화폐도 중앙관리자가 존재할 것이다. 일본은 현재 시중 민간은행이 이 역할을 담당할 것이다. 관리형이란 지원형의 업무에 한정되며 소유권에 대한 어떠한 법적구속력이 없는 기구이다.

여섯!
중국 가상화폐 거래소 폐지 결정

필자가 본서의 원고를 쓰기 시작한 지 며칠 만에 가상화폐의 최대 시장인 중국에서 쇼킹한 사건이 일어났다. 중국 당국이 전격적으로 가상화폐 거래소의 거래를 중지시킨다는 것이었다. 현재 비트코인이나 이더리움 등은 코인 자체가 유용성이 거의 없다. 그나마 거래소에서 사고 파는 투기수요가 있어서 가격이 형성되는 것이다.

그런데 그 첫 번째 거래장소인 거래소를 국가권력으로 폐지를 결정하니 시장에는 매머드급 태풍일 수밖에 없다. 그리고 앞으로도 어떤 일이 발생할지 도저히 예측하기 어려운 것이다.

2016년 말에 가상화폐의 폭등이 일어나면서 사회적으로 큰 문제를 야기했다. 당시 중국 인민은행이 중국 3대 거래소의 전격 감사를 실시하였고 당분간 출금을 중지시키는 행정명령을 내렸다.

2017년 상반기를 지나면서 ICO가 세계적으로 난무했다. 중국도 마찬가지였다. 그의 앞에는 거래소가 자리하고 있었다. ICO를 하는 코인 개발사들의 첫마디가 무슨 거래소에 언제까지 거래를 등록한다는 것이었다.

거래소에서 거래를 등록하는 것은 아무 일도 아니다. 거래소 재량으로 등록여부를 결정하면 된다. 유용성도 없는 코인을 개발사로부터 뒷돈을 받고 등록시켜 주면 그만이다.

그러면 아무것도 모르는 일반인들이 모여들어 저가에 산 코인을 사기 시작하면서 가격이 올라간다. 약삭빠른 ICO 투자자들은 이때 코인을 팔아치우고 그 코인에서 떠난다. 일반 보통사람들만 유용성이 없는 코인을 가지고 잠시 거래하다 거래가 없어지는 코인이 한두 가지가 아니다.

그러니 행정당국에서 코인거래소를 전격적으로 폐지하거나 거래중지를 명령하기에 이르렀다.

우리나라도 거래소에 대한 규제법을 서둘러 만들어야 한다. 코인의 거래기능을 폐지하고 송금기능과 환전기능만 제공하는 거래소로 운영되면 바람직할 것이다.

엄격하게 금융실명제를 실시하여 자금세탁을 차단하게 하여야 한다. 그리고 자본금 규모나 손해배상보험 가입을 의무화해야 한다. 해킹이나 기타 사항으로 인해 발생할 손해에 대한 보상을 할 수 있다. 이미 일본은 이와 관련된 보험이 개발되었다. 한국의 빗썸도 유명 보험사와 이런 계약을 체결하였다고 발표했다. 그런데 보상 한도액이 30억 원이라고 한다. 비트코인이나 이더리움 하루 거래액이 얼마인데 보상한도 금액이 이렇단 말인가? 눈감고 아웅식의 대비로는 항상 폭탄을 안고 있다고 볼 수 있다.

베트남도 뒤이어 가상화폐 사용자체를 불법으로 규정하면서 형사처분도 하겠다는 내용의 뉴스가 전달되었다. 익명성의 가상화폐로 인해 건전한 금융생태계가 무너질 위험이 대단히 높기 때문이라고 이유를 밝혔다.

거래소뿐만 아니라 익명성 가상화폐 사용 자체를 금지한다는 것이다. 지금까지 가상화폐에 대하여 상당히 개방적인 태도를 견지하던 베트남 정부가 이 같은 방침을 정한 배경에는 익명성의 가상화폐 폐해가 생각보다 심각하다고 본 것 같다.

현재 가상화폐는
어떤 문제점을 안고 있나?

현재 가상화폐들의 문제점을 분석하는 것은 필자가 지식이 많다고 자랑하고자 하는 것이 아니다. 비트코인과 이더리움 등 기존 코인들의 단점을 극복한 유용성이 있는 코인을 파악할 수 있는 기준점을 독자들에게 제시하고자 하는 것이다.

비트코인이나 이더리움 등은 가상화폐가 왜 필요한지 그 유용성을 증명하는 데 충분한 역할을 했다. 또한 화폐로서 기능하기에는 많은 근본적인 문제점이 노출되었다. 그러나 가상화폐의 발전에 주춧돌 역할을 충실히 했음을 인정하지 않을 수 없다. 인터넷 검색엔진의 야후나 넷스케이프가 인터넷 초창기 검색엔진의 필요성을 증명하였듯이 말이다.

화폐로서의 단순한 기능을 수행하기만 하면 되는데 사실 기술적으로 그 기능을 구현하기는 너무나 어렵다. 어느 한 쪽 분야의 기술만 가지고는 바람직한 코인을 만들어 낼 수도 없다.

지금까지 시중에 나와서 내가 제일이요라고 주장하며 나온 코인들 대부분은 단순 엔지니어들이 만들었다. 그래서 기술 자랑만 늘어놓고 유용성에 대한 얘기는 전혀 없다.

기술은 비트코인을 개발한 사토시 나카모토 한 사람이면 충분하다. 창조가 어렵겠는가? 거기에 살을 조금 더 붙이는 것이 어렵겠는가? 이더리움을 개발한 비탈릭 부테린은 사토시 나카모토의 기술과 철학에 비하면 일천하기 그지없다. 스마트 컨트랙이라는 기발한 아이디어가 돋보일 뿐이다.

개발자들의 배경이 이렇다 보니 단순히 코인만 개발해서 시장에 내놓은 꼴이다. 현재 1,000여 개가 넘는다고 하고 앞으로도 계속해서 나온다고 하니 어지럽기까지 하다.

화폐는 경제학 분야에 속하며, 각 국가의 법률적 구속력에 영향을 받을 수밖에 없기에 전문적인 법률 지식이 필요하고 탈중앙화라는 시대적 트랜드의 인식에 맞고 또한 금융 분야에 정통한 식견을 가져야 한다.

비트코인이나 이더리움 등 일반 가상화폐는 화폐로서의 기능을 상실하고 거래소에서 도박의 수단으로 완전히 전락했다. 하루 빨리 화폐로서 기능하는 코인이 개발되어 가상화폐 시장이 안정되어야 한다.

화폐는 인간이 발명한 최고의 발명품이라고 한다. 그만큼 화폐를 발명하는 것이 어렵다는 말이다. 지폐에서 가상화폐로 넘어오는 데 몇백 년이 걸렸으니 말이다.

하나!
거래 처리 속도의 문제

비트코인을 운용하는 블록체인은 10분마다 블록을 형성하며 각 노드(컴퓨터)가 거래승인을 하고 있다. 그리고 1초에 7건의 거래를 처리할 수 있는 용량의 블록체인이었다.

2016년까지만 하더라도 비트코인 처리속도 문제는 불거지지 않았다. 사용자가 얼마 없었기 때문이다. 2017년 들어 승인시간이 길어지기 시작하더니 거래량이 피크치에 올라가던 때에는 아예 승인이 나지 않기도 하였다.

그래서 부랴부랴 비트코인이 두 개로 쪼개지면서까지 블록의 용량을 배로 늘린다고 한다. 그것이 세그윗이다. 그런데 이런 결과는 결국 새로운 비트코인 캐시라는 신종코인을 만들어 냈다. 즉 코인의 물타기가 된 것이다. 이름만 조금 바꾸고 거래가격만 조금 틀리게 한 코인의 물타기가 된 것이다.

가상화폐의 거래처리 속도의 문제는 화폐의 근본적인 문제이다. 10분마다 블록이 형성되면 슈퍼에서 물건을 팔 수 없다. 또한 해외 송금도 불가능하다. 물건을 사려고 10분간 서서 기다리는 사람은 한 사람도 없을 것이 뻔하다. 그렇다면 화폐로서 유용성을 가지지 못하는 근본적인 한계를 지닌 코인들이다.

가상화폐의 거래처리 속도는 적어도 현재 사용되는 신용카드 정도의 수준이 되어야 한다는 기준을 제시할 수 있다. 신용카드의 거래처리 속도는 1분에 약 70만 건 정도다. 여기에 비하면 턱없이 속도가 느림을 알 수 있다. 인터넷으로 주고받는 가상화폐의 특성을 고려하면 거래처리 속도가 생명이라고 할 수 있다. 우리 독자들은 앞으로 누군가 코인을 얘기한다면 맨 먼저 이렇게 묻기를 바란다.

"그 코인 1분에 거래처리 건수가 신용카드 정도 수준이 되는가? 트랜젝션 타임(블록형성 시간)은 몇 분이야?"

◇비트코인, 거래 처리 속도 개선한다

비트코인은 10분당 1MB 용량의 블록을 생성하고 거래하기 때문에 1초에 7개의 거래만 가능하다. 최근 비트코인 거래량이 급증하면서 참여자들의 거래를 빠른 시간 내에 수용하기가 어려워졌다. 비자카드는 초당 5만6000개의 거래 내역을 처리하는 것이 비하면 효율성이 낮은 셈이다. 이에 비트코인 관계자들은 비트코인 시스템의 업그레이드 필요성을 공감했으며 세그윗이 진행되는 것이다.

거래 속도 개선하는 비트코인, 8월1일 두개로 나눠지나

입력시간 | 2017.07.26 05:45 | 이유미 기자 miyah31@edaily.co.kr   기자의 다른 기사보기

〈이데일리 2017.7.26. 기사〉

둘! 범죄에 사용되는 문제

기존 비트코인이나 이더리움 등 가상화폐의 특성 중 하나가 익명성이다. 이것으로 인해 국가의 사유재산 처분의 규제로부터 자유로울 수 있어서 환호도 있다. 하지만 그것으로 인해 어두운 면도 있다는 것이 시간이 지나면서 점점 커지고 있다.

바로 가상화폐가 범죄의 자금줄이 되고 범죄를 양산하기도 한다.

2016년부터 유럽 전역을 테러의 공포로 몰아가는 IS테러가 그 대표적 예이다. 미국 연방법원경호국이 암시장 '실크로드'에서 마약을 비트코인으로 거래하는 현장을 급습해 비트코인을 압수하였다. 압수한 비트코인을 2014~2015년에 걸쳐 경매에 내놓은 적이 있다.

2016년 5월 29일 호주 언론들에 따르면, 호주 정부도 비트코인 2만4,518비트코인을 경매에 붙일 예정이라는 신문기사를 보았다.

한국도 2016년부터 2017년 비트코인 등 가상화폐를 이용한 각종 범죄거래가 발생하는 사실이 사법당국에 의해 적발되고 있다. 건수도 급증하는 추세이다.

특히 2017년 6월 전 세계를 공포로 몰아넣었던 랜섬웨어 해킹 사건이 있다. 중요한 컴퓨터 서버를 다운시키고 복구시켜주는 대가로 비트코인을 요구한다. 비트코인을 받으면 복구 암호를 가르쳐 주는 수법으로 범죄를 저질렀다. 그나마 한국은 발 빠른 대응으로 피해가 크지 않았으나 유럽 등 다른 나라에서는 피해가 상당했던 것으로 전해진다. 비트코인이 익명성의 코인이 아니라면 이런 범죄를 저지르는 실익이 없다. 범죄를 양산하는 결과를 초래한다.

2017년 9월 북한의 6차 핵실험 후 신문지상에 도는 이야기 중 북한이 여러 가상화폐를 해킹하려 무차별 공격을 시도하고 있다고 한다. UN의 경제제재로 위기에 봉착한 북한 당국의 확실한 수입원이 가상화폐의 해킹이기 때문이다.

해킹이 발생하는 원인은 무엇일까?

가상화폐가 원천적으로 금융실명제를 실시한다면 해킹이 가능할까? 익명성의 가상화폐가 돈의 민주화의 근거인데, 가상화폐를 금융실명제로 전환한다고 해서 익명성의 특성을 완전히 잃어버리게 될까?

금융실명제를 시행하는 코인은 2017년 9월 현재 '원코인' 뿐인 것으로 필자는 파악하고 있다. 수많은 코인들은 모두가 익명성 코인인데 왜 원코인만 금융실명제를 시행하고 있을까? 왜 다른 코인들은 금융실명제를 하지 않을까?

금융실명제를 실행하려면 엄청난 자원이 투하되어야 한다. 일단 금융실명제 본인을 증명하는 서류, 가령 여권과 초본을 저장하는 비용이 들어야 하며 본인인지 아닌지 확인하는 인원이 들어가야 한다.

필자가 생각하기로는 각국 정부 입장에서는 금융실명제를 시행하는 코인을 권장할 것이 확실하다. 금융실명제를 하는 것이 실보다 득이 훨씬 크다. 개인의 자유를 방종으로 내버려 두어 각종 사회문제를 야기하는 것보다 적절한 익명성이 보장되면서도 심각한 사회문제를 야기할 수 있는 가능성을 원천적으로 방지할 수 있다. 가상화폐는 금융실명제를 실시해야 한다라는 새로운 기준을 세우게 되었다.

가상화폐가 범죄에 사용되는 이유는 단 하나이다. 바로 익명성이라서 추적이 거의 불가능하다는 것이다.

셋!
가격의 휘발성(volatility)

코인의 가격 등락폭이 너무 심하고 예측 불가능한 현상을 가격의 휘발성이라고 한다. 휘발유처럼 순식간에 가치가 날아가 버리는 것이 코인의 가격이다. 물론 순식간에 가치가 올라가는 현상도 허다하다.

가상화폐의 반대론자들은 바로 가치의 휘발성이 가장 큰 문제라고 하면서 일반 화폐로 발전하지 못할 것이라며 17세기 네덜란드 '튤립 거품'으로 치부하기도 한다.

가치의 휘발성은 가상화폐만의 문제가 아니고 일반 법정화폐도 동일한 문제이다. 정상적인 상황에서는 법정화폐가 가치의 안정성을 가지는 화폐이지만 어떤 특수한 상황이 오면 그 어떤 화폐보다도 가치의 휘발성이 높은 화폐라는 것을 잘 알고 있다.

가까이는 2008년 세계를 금융위기로 몰아넣은 것은 달러의 가치가 갑자기 날아가 버렸기 때문이다. 세계에서 가장 가치가 안정적이라고 믿던 미국 달러가 순식간에 가치가 반 토막이 나는 현상이 발생했다.

갚아야 할 부채가 갑자기 2배로 높아지자 그리스 국가 부도가 났고 러시아가 모라토리움까지 선언하는 지경에 이르렀다.

1985년 남미 아르헨티나는 1년 만에 물가가 2,500배나 올랐다. 물론 2017년 9월 현재 베네수엘라도 하이퍼인플레이션에 시달리고 있다. 법정화폐의 근본적인 속성이자 문제로서 해결할 수 있는 방안은 영원히 없다. 하이퍼인플레이션은 법정화폐의 무분

별한 발행 남발로 생기는 현상이다. 어떤 정치적 상황이 발생하면 항상 발생할 수 있는 개연성을 가지고 있다.

오히려 가상화폐가 가치의 휘발성 측면에서 보면 더 안정적이다. 희소성이 확정되어서 총량이 이미 결정된 상태이기 때문이다. 물가의 인플레이션이 원천적으로 발생할 수 없다. 다만 시장에서 수급에 의해 가격이 형성되는 가상화폐가 가격 등락폭이 너무 커서 상거래에 사용되기 어렵다는 것만이 문제다.

그럼 왜 가치의 휘발성이 높고 이것을 해결하는 방안은 없을까? 여기에 답할 수 있다면 가상화폐의 미래는 밝을 수밖에 없다.

가치의 휘발성이 높은 첫 번째 이유는, 화폐 수량이 너무 적고 큰 손 몇 명이 다수를 장악하고 있기 때문이다. 화폐 수량이 적다 보니 큰 손들의 작전이 가능하다. 수량은 리플코인처럼 1,000억 개 이상 되어야 하며 전 세계 개인들에게 골고루 분산되어 있어야 한다. 그래야 작전 세력을 막을 수 있다.

두 번째 이유로는, 시장의 수급에 의해 거래소에서 가격이 결정되기 때문이다. 수급의 원리는 자본주의 시장원리 으뜸이지만 가상화폐 거래소 시장에서는 정보의 독점이나 시장의 거래에 영향을 미치는 불완전경쟁 시장이어서 시장기능이 제대로 동작할 수 없다.

법정화폐의 가치 표시를 발행주체가 표시해 놓았다. 오히려 상거래시 이것을 사용하는 것이 훨씬 용이하다. 누군가 제3자가 임의로 표시해 놓아도 그것을 우리가 신뢰만 한다면 아무런 문제가 없음을 우리는 잘 알고 있다.

중앙관리형으로 난이도를 기준으로 가치를 표시하는 방법이면 어떨까?

기존의 모든 가상화폐는 분산형으로서 시장의 가격결정에 어떤 작용도 할 수 없었으나 중앙관리자가 존재하여 난이도를 공표하고 그 난이도를 시장참가자들이 신뢰한다면 그것과 연동된 가치도 신뢰를 가질 수 있다.

즉 가상화폐의 난이도는 채굴자나 사용자가 늘어나면서 올라가게 되어 있다. 난이도가 올라간다는 말은 다른 말로 수요가 늘어난다는 뜻이며 수요가 늘어나면 가상화폐의 가치가 올라간다.

독자들이 이 이야기를 얼핏 받아들이기 쉽지 않을 수 있음을 잘 안다. 하지만 이 이야기는 깊이 있게 이해하여 통찰하여야만 한다. 필자도 처음에 이 부분이 이해가 안 되기는 마찬가지였다. 지금은 아주 쉽게 받아들여진다.

휘발성이 높은 가상화폐는 무엇이 문제여서 기존 고전 경제학자들이 반대하는가? 가상화폐는 유용성을 존재의 근거로 한다. 유용성이 없는 코인은 전자쓰레기일 뿐이다.

가치의 휘발성이 큰 코인은 상거래에 사용하기가 만만하지 않다. 온라인에 코인의 숫자로 가치를 표현할 수 없다. 송금시 가격의 변동폭이 크면 받는 쪽과 항상 다툼이 생길 수 있다. 차라리 이전처럼 달러를 사서 송금하는 것이 더 속편할 수 있다.

해킹 사고

가상화폐는 해킹이 불가능하다고 한다. 이런 단순한 말은 항상 허점이 있게 마련이다. 가상화폐는 블록체인이라는 기반기술을 바탕으로 개발된 일종의 어플리케이션(즉 앱 APP)이다. 그래서 가상화폐의 플랫폼 자체가 해킹이 힘들다는 얘기이다. 아직까지 비트코인 플랫폼 자체가 해킹당한 적은 한 번도 없다.

비트코인 네트워크에 참여하는 노드(컴퓨터)들의 51%를 해킹하여야 하기 때문이다. 연속된 거래내역이 특성상 수시로 거래내역이 변하며, 제일 처음 발생한 거래내역까지 해킹하여 장부를 조작 후 시스템 전체에 거래내역을 제공하고 승인을 받아야 하기 때문에 현실적으로 불가능하다는 것이다.

자원의 투하 대비 해커가 얻는 이익이 너무나 별 볼 일 없는 수준이다. 1,000억을 투자해 1만 원의 가치를 얻는다면 누가 해킹을 시도하겠는가? 어떤 자료를 보니 구글의 컴퓨팅 파워 5배 이상을 쏟아 부으면 비트코인 플랫폼을 해킹할 수도 있다는 자료를 어디서 보았다.

그럼 해킹사건은 왜 생기는가?

$ 첫째 거래소 가상화폐 보관 컴퓨터의 해킹이다.

거래소 컴퓨터는 개인 컴퓨터와 같은 개념으로 언제든지 해킹의 목표물이 된다. 2014년 비트코인 85만 개 당시 가격으로 약 5,000억 원의 손실을 가져온 일본 마운트 곡스 해킹 사건이 대표적이다.

당시 세계 최대 거래소였던 이 회사의 해킹 사건으로 인해 비트코인의 가격이 200달러까지 곤두박질치고 몇 년간을 바닥을 헤맸다. 그런데 이 사건의 주범은 마운트 곡스 거래소 사장 마크 카펠레스였다. 고객이 위탁한 비트코인을 다른 곳으로 빼돌리고 해킹당했다고 거짓말을 한 사실이 도쿄 경시청 수사로 알려져 또 한 번 충격을 주었다.

2016년 8월 2일 홍콩 거래소 비트파이넥스의 114,000BTC (한화 약 790억 원) 해킹사건 발생으로 고객들의 손실이 컸다. 비트코인 가격도 20% 이상 추락하는 사태가 있었다.

한국거래소 해킹사건도 2017년 드디어 터졌다. 2016년만 하더라도 한국거래소 금액이 미미하여 해커들의 목표가 되지 않았다. IT 강국답게 2017년 들어 가상화폐 시장이 급성장하며 한국 대표적인 거래소들의 거래금액이 한 때는 세계 최대를 기록하기도 하였다.

코빗을 시작으로 코인원까지 디도스 공격을 받다가 급기야 한국 최대 거래소 빗썸의 해킹사건으로 정점을 찍었다. 빗썸의 해킹 수법은 직원 개인 파일을 감염시켜서 고객의 정보를 탈취 후 고객들에게 전화 등의 방법으로 빗썸에서 가상화폐를 출금해 간 사건이 발생했다.

앞으로도 지속적으로 해커들의 먹잇감은 바로 거래소 가상화폐이다. 익명성인 가상화폐의 특성상 해킹 수법도 매일 진화할 것으로 판단되어 하루 빨리 금융실명제를 도입해야 한다.

금융실명제를 도입하면 해킹이 무용하기 때문이다. 코인의 특성상 시스템 내에서 사라질 수가 없다. 현금은 시스템 외부로 유출되어 수많은 사고가 발생해도 원상회복하기가 대단히 어렵다.

그러나 가상화폐는 블록체인 외부로 이탈할 수 없다. 그래서 투명하고 빠르고 안전한 저비용 화폐시스템이다. 금융실명제를 도입하면 코인의 득성상 개인 간의 거래가 더욱 투명해져서 엄청나게 많은 경제적 효과를 얻을 것이다.

금융실명제는 코인지갑 자체에 도입되어 있어야 한다. 어떤 전자지갑도 익명으로 만들어져서는 안 된다는 것이다. 비트코인이나 이더리움 전자지갑은 중앙관리자가 없어서 누구나 익명으로 전자지갑을 만들 수 있다. 익명의 전자지갑으로 코인을 전송하면 그 이후의 경로에 대하여 추적하는 것이 사실상 불가능하다.

$ 둘째 개인 PC가 해킹되는 것이다.

가상화폐를 채굴할 때 다른 곳으로 바이러스를 전송해 감염시키는 수법이 가장 많이 쓰인다. 그리고 가상화폐 송금시 받아야 할 전자지갑 주소를 바꿔 치는 수법이 얼마 전 외국에서 발생했다는 기사를 본 적이 있다.

한마디로 금융실명제를 실행하면 해킹이 무용해진다. 이렇듯 문제 해결은 대단히 쉬운 곳에 있다.

투기판으로 변질된 가상화폐 시장

가상화폐가 처음 나온 2009년도에는 투기판이 아니었다. 안정된 가치를 가진 화폐, 인플레이션이 없는 화폐, 송금이 신속하고 수수료가 거의 없는 화폐라는 인식을 가지고 있었다.

그래서 시장에서 물건도 사고팔고 송금도 하고 투자의 대상으로 취득하여 보관도 하고 이런 식으로 적절히 잘 사용되었다. 비트코인을 사용하는 사람들이 2,000만 명에 가까워지기 시작하면서 비트코인의 단점이 그대로 노출되기 시작하였다.

물품을 사고 팔 때나 송금을 주고받을 때 블록체인의 승인이 제대로 나지 않는다. 그리고 수량도 작다. 이렇다 보니 큰손들이 작전을 실행하거나 정치 등 외부 변수에 민감하게 반응하여 가격의 휘발성이 크게 동작되는 시장으로 변질되었다.

급기야 비트코인 하나에 1억 원까지 올라간다는 확실한 근거 없는 얘기들이 매스컴에 돌아다니기 시작한다. 일반 보통사람들은 눈이 휘둥그레지지 않을 수 없다. 건전한 경제활동에 매진해도 어려운 이 난국을 타개하기 어려운데 이런 투기판에 정신이 팔려서는 안 된다.

급기야 각국 통화당국들이 규제의 칼을 빼들고 있다. 결국 비트코인 블록체인이나 이더리움 블록체인으로 만들어진 가상화폐의 근본적인 한계가 노출되었다. 하루 빨리 바람직한 가상화폐가 우리 보통사람들 눈앞에 등장해야 할 이유가 바로 여기에 있는 것이다.

가상화폐 선택 기준
-미래 투자

독자들은 이제 대충 감을 잡았을 것이다. 가상화폐 투자를 통하여 수익을 얻고자 한다면 다양한 방법이 있다는 것을 알았다. 여러 가지 방법들 중 우리 같은 보통사람들이 선택해야 할 방향은 딱 하나뿐이다.

비트코인의 피자집 주인이나 노르웨이 청년이 되는 것이다. 즉 바람직한 코인을 공부해서 통찰력을 향상시켜 놓고 때를 기다린다. 마치 야구 코리안 시리즈 9회말 풀카운트까지도 자기가 좋아하는 공이 들어올 때까지 기다리는 승부사처럼 서두르지 말고 기다리는 것이다.

독자들의 마음속에 그려놓은 목표 이미지에 딱 들어맞는 가상

화폐가 출현할 것이다. 그런 화폐는 장기간의 시간에 걸쳐서 반드시 성공할 것이다

어떤 책에서는 이더리움이 그럴 것이라고 주장을 한다. 하지만 필자는 절대 동의할 수 없다. 비트코인의 또 다른 한 종류일 뿐이다. 물론 블록체인 자체는 비트코인 불록체인과 조금 상이한 것이 있다. 비트코인과 같다는 것은 화폐로서 본질적인 특성이 같다는 뜻이다. 수량이 조금 많다거나 속도가 조금 빠르다는 것만으로는 틀리다고 할 수 없다. 오십보백보이다.

바람직한 코인의 이미지를 정확하게 마음속에 새겨 넣어 보자. 물론 비트코인이 보여준 실패를 기준으로 하며 거기다 조금 더 살을 보태면 이상적인 코인의 모습을 그려볼 수 있다.

보통사람들은 이 책을 통하여 바람직한 코인의 이미지를 그릴 줄 아는 것이 최고의 목표이다. 그런 코인을 남들보다 저가(난이도가 낮을 때)일 때 채굴을 하든가 상거래를 통하여 코인을 획득해 놓고 수요가 많아지기를 기다리는 것이다. 아주 간단한 일이다.

이것이 바로 가상화폐 투자로써 필자가 추천하는 가장 좋은 방식이다. 이런 투자가들은 절대 급하지 않고 항상 여유가 있다. 남들이 그 코인의 가치를 알아보기 전에 그 가치를 먼저 알아보고 그 코인을 취득하여 장기전에 돌입한다.

그러면 보통사람 누구나가 상당히 큰돈을 벌게 된다.

PART 4

미래는 어떤 모습일까?

가상화폐 시장의

2017년 9월 필자가 원고를 쓰고 있는 와중에도, 가상화폐 시장과 관련 여러 변수가 돌출되고 있다. 그 중에 아마도 제일 센 것이 중국발 가상화폐 거래소 전격 폐지 소식이다. 물론 중국발 ICO 금지 행정명령 소식도 대단히 컸다.

이런 악재 속에서도 그 날 당일만 큰 충격에 가상화폐 시장이 휘청거리다가 다시 힘을 복원한 듯한 모습을 보이고 있다.

2017년 9월 19일 발표된 국제결제은행(BIS)은 각국 중앙은행도 가상화폐 발행을 적극 검토해야 한다고 한 내용은 또 다른 신선한 충격이다. 이제는 중앙은행마저도 가상화폐를 발행하는 시대에 들어섰다는 것이다.

물론 국제결제은행(BIS)이 말하는 가상화폐는 가치변동이 없는 자국의 화폐 개혁에 해당하는 화폐로서, 형태를 디지털로 바꾸어 P2P 거래가 가능하도록 한다는 내용이다.

이런 복잡한 내용들이 우리 독자들을 혼란스럽게 만들지만, 관통하는 하나의 맥을 찾으면 어렵지 않게 가상화폐의 미래 발전 방향을 가늠해 볼 수 있을 것이다.

이것을 찾으려고 본서 앞부분의 긴 내용을 헤집고 여기까지 왔다고 할 수 있다.

가상화폐의
유용성은?

지금 가상화폐를 반대하는 집단에서는 17세기 '튤립 광풍'이라고 하면서까지 가상화폐의 미래를 어둡게 내다보고 있다. 내재적 가치가 없는 코인이 어떻게 화폐의 자리를 차지할 수 있겠는가라고 반문한다. 일견 일리가 있어 보인다. 특히 비트코인을 비롯한 1,000여 가지 코인들의 어두운 면을 보면 미래가 불확실하게 보이는 것 또한 사실이다.

한마디로 정리하면 유용성이 없는 코인들은 따가운 아침 햇살에 서서히 사라지는 아침이슬처럼 코인의 가치가 서서히 사라질 것이다. 하루아침은 아니지만 야후나 넷스케이프가 우리 눈앞에서 서서히 사라지듯 유용성이 없는 코인들로 천천히 가치가 없어지며 역사의 뒤안길로 사라질 것이다.

물론 비트코인이나 이더리움 같이 익명성의 코인이 반드시 필요한 집단들이 있다. 마약거래, 불법무기거래 그리고 자금세탁 등이 필요한 사람들에게는 이런 코인들이 필요하다. 그래서 완전히 사라지지 않을 것이다.

그럼 가상화폐의 유용성은 무엇이고 왜 그것이 반드시 필요한 유용성인지 기준을 명확하게 찾는다면 주위 사람들의 어떤 말에도 흔들리지 않을 수 있다.

가상화폐들이 가지고 있는 기술적 한계들이 많이 노출되었다. 그런 한계들은 기술 발전을 이루어 극복하기도 하며 또한 새로운 한계에 봉착하기도 한다. 지금 가상화폐를 보관하는 방법들이 처음에 개발될 때와 달리 많이 발전했다.

하지만 지금까지 연구되고 회자되는 가상화폐 개발자들의 인식으로는 가상화폐가 가진 근본적인 한계점들을 극복하기는 대단히 어려울 것으로 본다. 지금 보고 있듯이 가상화폐의 인기가 올라갈수록 정부의 규제와 간섭은 강화되고 있다. 따라서 가상화폐의 존재 기반이 흔들릴 위험이 있다.

2009년 비트코인이 처음 세상에 나온 이후로 가상화폐를 상품 대금으로 받는 상인이 많이 늘기는 했으나 아직은 극소수에 불과하다. 가상화폐가 상인과 소비자들 사이에서 보편적으로 받아들여지는 가상화폐가 일반 화폐가 될 것이다.

미래의 지불수단이 되고자 하는 많은 가상화폐들은 그 유용성의 다양한 기준을 충족시켜야 한다. 그럼 그 기준은 무엇인지 살펴보자.

$ 첫째 안전해야 한다.

무엇이 안전한가? 도토리, 페이 등 기존 전자화폐 같이 포인트의 개념이면 안전하지 못하다. 복잡한 수학적 알고리즘을 해결하고 채굴하는 코인으로서 반드시 블록체인을 바탕으로 개발되어진 코인이어야 한다. 블록체인 자체가 보안 그 자체이기 때문이다.

$ 둘째 사용자들에게 쉬워야 한다.

무엇이 쉬워야 하는가? 채굴을 누구나 할 수 있게 쉬워야 하고 사용하기가 쉬워야 한다. 80세가 넘은 어르신들도 쉽게 사용할 수 있어야 한다. 이 점은 사용자들이 다양한 코인을 사용해 보면서 어느 것이 쉬운지 비교해 봐야 알 수 있다.

$ 셋째 거래처리 속도(transaction time)가 빨라야 한다.

얼마 만큼 빨라야 하는가? 적어도 현재 사용되는 신용카드 수준 (1분에 70만 건 승인) 이상이어야 일상생활에서 사용이 가능하다.

⑤ 넷째 코인 수량이 많아야 한다.

코인 수량이 작으면 코인 가격 자체의 인플레이션 현상이 생겨 상거래에 사용이 불편해질 수 있다. 얼마나 많아야 할까? 정답은 없지만 리플코인이 1,000억 개인데 그 이상이 되어야 전 세계에 골고루 사용될 수 있을 것이다.

⑤ 다섯째 투명해야 한다.

KYC(know your customer)를 반드시 장착해야 한다.

⑤ 여섯째 코인의 가치가 안정성을 가지고 있어야 한다.

현재 분산형(decentralized) 코인들의 단점인 가치 불안정성을 해결하려면 중앙관리형(centralized)으로 해결해야 한다.

⑤ 일곱째 상거래나 송금시 수수료가 저렴해야 한다.

⑤ 여덟째 전 세계 여러 나라에 골고루 분포되어 있어야 한다.

사용자들이나 채굴자들이 전 세계에 분산되어 있어야 유동성을 가지기 쉽다.

우리 독자들이 판단하기에는 조금 어려울 듯 보이지만 분명 가져야 할 필수적인 코인의 특성일 뿐이다. 어찌 보면 지폐가 가지고 있는 장점인 가치의 안정성과 비트코인의 장점만을 합친 것일지도 모르겠다. 향후 가상화폐의 존폐 여부는 위에 제시된 기준들을 충족하느냐 못하느냐에 달려 있다.

위 기준들은 기술적으로 충분히 해결 가능한 문제들이다. 그래서 화폐는 가상화폐로 진보할 것이 분명하다.

우리 독자들은 무엇을 준비해야 하는지 분명해지는 것이다. 준비하고 때를 기다리는 것이다.

블록체인의
산업 적용 분야가 넓어진다

블록체인은 21세기 가장 유망한 산업분야이다.

2017년 1월 스위스 다보스포럼에서 2017년에는 4차 산업혁명
이 본격적으로 진행될 것으로 전망했다. 4차 산업혁명의 주요기술
들이 융복합을 통해 새로운 패러다임으로 기술발전을 이룩하며,
새로운 개념의 경제개념인 4차 산업혁명은 빠르게 진행될 것이라
고 내다봤다.

특히 블록체인은 4차 산업혁명이 개념으로 그치지 않고 실현가
능하게 만들어주는 기반기술이고 핵심기술이라고 평가했다.

특히 요즘에는 가상화폐에 세간의 관심이 쏠리며 그것의 기반
기술인 블록체인이 특별히 더 주목받고 있다. 이미 국내에서도 금

융, 물류 등 블록체인을 적용하는 사례가 늘면서 블록체인의 활용 분야가 넓어지고 있다.

주강진 창조경제연구회(KCERN) 선임연구원은 최근 데브멘토 세미나에서 '블록체인의 활용분야'에 대해 강연을 통해 블록체인의 발전방향을 4가지로 분류했다.

1. 암호 화폐 분야다.

암호 화폐의 기반기술로서 제3자 신용기관 개입 없이 사용자들이 신뢰를 만들어 낼 수 있는 가치창조 프로토콜이 바로 블록체인이다. 블록체인을 바탕으로 하지 않은 가상화폐는 해킹의 위험이나 복사, 위조의 위험으로부터 안전할 수가 없다.

2. 공공, 보안 분야다.

가치를 기록하는 기능이 있는 블록체인은 현재 중앙 집중식인 서버의 문제로부터 가치를 기록하는 장부가 저비용 고효율 공적 장부(public ledger)라고도 한다. 2016년 미국 대통령 후보였던 힐러리 클린턴의 선거공약이 "미국의 모든 공공장부를 블록체인으로 바꾸겠다."라고 하였다. 가치를 기록하는 공적 장부는 일단 등기소의 등기부등본, 은행의 금융기록, 국민건강기록, 보험기록 등 수많은 장부를 블록체인이 감당하는 것이다.

3. 산업 분야다.

사물인터넷(IoT), 소셜네트워크, 전자상거래, 콘텐츠저작권 분야에서 활용가능하며, 이에 따라 IBM, 마이크로소프트, 삼성전자 등 대기업들이 모두 블록체인에 투자하고 있다. 영국 가수 이머진 힙은 블록체인 기반의 플랫폼에서 음반을 발표해 저작물 유통분야 혁신을 꿈꾸고 있다.

한국의 대표적인 기업인 삼성SDS는 블록체인 사업을 주력 사업군으로 자리를 잡고 전력투구하고 있다. 국내 금융회사들은 세계적인 블록체인 컨소시엄 R3CEV에 가입하여 활발히 블록체인을 관련 산업에 적용하려고 다양한 투자를 실행하고 있다.

4. 거래, 결제 관련 부문이다.

또 수많은 학자들은 블록체인의 적용분야 및 발전분야를 10가지 이상으로 세분하기도 한다.

$ 첫째 뱅킹과 지불수단이다. (banking and payment)

블록체인은 인터넷이 기존 미디어에 미치는 영향과 같은 아니 더 이상 크게 기존 은행에 영향을 미칠 것이라고 전망한다. 블록체인으로 인해 현재 금융시스템에서 소외되었던 25억 명 이상에게 금융의 기회를 제공할 수 있을 것으로 예상하여 금융혁명이 일어날 것으로 예상한다.

필자도 여기에는 100% 동의한다. 현재 세계에 퍼져 있는 해외 노동자들의 자국으로 보내는 소액 국제송금의 은행수수료가 너무 높다. 후진국 입장에서 보면 그 돈은 그 나라의 생명수와도 같은데, 10% 이상이나 되는 은행송금수수료는 가혹하다. 여기에 대한 내용은 TED.COM에서 remittance라고 하여 검색하면 생생한 동영상을 통해 그 실상을 몸소 느낄 것이다. IBM은 2017년 말에 전 세계 은행들의 15%나 블록체인을 자기들의 업무에 적용하게 될 것이라고 보고서에서 내다봤다.

$ 둘째 사이버보안에 블록체인이 혁신을 가져온다.

블록체인의 중개매개자(은행 등) 없이 개인 간 P2P에 금융거래가 발생하기 때문에 불필요한 개인정보가 노출될 위험이 사라지며 해킹이 불가능하여 인터넷 금융에 보안기능이 제격이다. 또한 현재 사용하는 각종 인증기능이 엄청난 비용과 많은 문제점을 동시에 해결 가능한 것이 바로 블록체인이다.

$ 셋째 물류에 적용이 혁신적이다.

2017년 8월에 발생한 농약 달걀 사건과 같은 일을 사전에 방지할 수 있고 안전한 먹거리 문화를 정착하게 할 수 있을 것이다. 중간 과정을 거치면서 발생하는 비효율을 개선함으로써 비용도 엄청나게 줄일 수 있는 기반기술이다.

$ 넷째 예측시스템이다.

분권화가 가능하여 현재 중앙집중식에 따른 문제점을 해결할 기술이다. 기상, 주식, 스포츠 등 다양한 분야에 적용 가능하다는 것이 전문가들의 예상이다.

$ 다섯째 네트워킹과 사물인터넷이다.

사물과 사물 간에 돈 거래를 가능하게 만들어 준다. 예를 들어 설악산 정상에 있는 컵라면 자판기의 재고가 부족하면 스스로 발주를 낸다. 발주를 받은 공급처는 드론을 이용하여 컵라면을 무인으로 공수하고 디지털 서명을 보내면 자판기가 대금결제를 가상화폐로 직접 한다.

사람의 개입 없이 상거래가 완성에 이르는 인공지능 상거래 시스템이 가능한 기술이다. 삼성 SDS와 IBM은 블록체인을 이용하여 ADAPT라고 사물 간 네트워크 기기의 중심 플랫폼을 개발하고 있다.

$ 여섯째 보험이다.

보험은 신뢰관리를 기반으로 하는 산업이다. 획일적인 보험계약서가 아니고 개인마다 차별화된 보험계약서를 작성하여 서로 약속을 지키는 계약을 성사시킬 수 있다.

$ 일곱째 개인운송과 자동차 공유이다.

공동 소유자 및 사용자들이 블록체인 계약을 기반으로 신뢰경제 모델을 만들어간다. 주차비, 유류대, 수선유지비 등을 합리적으로 계약할 수 있는 공유경제 모델을 개발할 수 있다.

$ 여덟째 클라우드 서비스이다.

현재 중앙집중식 클라우드는 해킹에 취약하나 블록체인 분산형 클라우드 스토리지 서비스는 가장 안전한 데이터 보관 장소가 된다. 이미 이 서비스를 유료로 시작하는 업체가 생겼다.

$ 아홉째 기부이다.

현재 기부금 전달 과정은 끝까지 추적할 수가 없다. 기부자가 원하는 곳에 정당하게 기부금을 사용하는지 확인할 길이 없다. 블록체인을 바탕으로 기부 계약서를 작성하고 기부를 하면 마지막까지 추적이 가능하여 올바른 기부문화를 만들어 갈 수 있다.

$ 열 번째 투표이다.

2016년 미국 선거에서조차 부정선거 논란이 있었다. 블록체인을 기반으로 선거인 명부나 선거인의 진실 여부를 정확하게 추적할 수 있다. 또한 막대한 투표비용을 줄여 수시로 투표할 수 있어 직접 민주주의 실천이 어느 정도 실현될 수 있다.

$ 열한 번째 정부이다.

정부 공무원들은 느리고, 불투명하고 부패하기 쉽다. 블록체인 기술을 도입해 관료주의 문제를 개선하고 보안 및 효율성과 정부의 투명성을 크게 높일 수 있다. 두바이 정부의 경우 2020년까지 모든 정부 문서를 블록체인으로 전환할 것이라고 한다.

$ 열두 번째 의료이다.

병원의 경우 개인 프라이버시가 있는 진찰기록을 안전하게 저비용으로 보관하는 것이 대단히 중요하다. 이 병원 저 병원 옮겨다닐 때마다 불필요하게 지불하는 비용이 너무 많다. 사회적 손실이 너무 크다.

$ 열세 번째 에너지 관리 분야이다.

에너지는 중앙 집중화되어 관리되는데 이제는 생산자와 소비자가 직접 계약하고 집행하는 시대로 진입하게 된다.

$ 열네 번째 저작권 관리이다.

특히 음원을 복사가 불가능한 블록체인으로 기록하며 저작권자와 소비자 간 직거래가 가능한 시스템이 가능하다.

이렇듯 다양한 분야에 정말로 만능기술로서 자리할 것으로 예상되는 것이 바로 블록체인이다. 우리 같이 보통사람들은 블록체인의 개념만 잘 알고 있으면 된다. 기술을 발전시키고 적용하는 것은 인터넷이 그렇듯이 IT전문가 집단들의 몫이다.

아직도 블록체인이 적용되어야 할 시장이 어디인지 아이디어가 많이 부족하다고 한다. 즉 지금도 진화하고 있는 기술이라는 것이다. 블록체인은 인터넷 상에서 이중지급의 문제로 돈은 전달하지 못한다고 하는 불문율을 깬 기술이다. 인터넷에서 이메일이나 사진은 항상 복사본이 간다. 원본은 나에게 남아 있게 된다. 돈은 복사본이 전달될 수 있는 문제가 아니다.

인터넷이 발달하고 음반이 팔리지 않아서 작곡가들이 옛날보다 수익이 줄어들었다고 한다. 음반이 팔리지 않기 때문이다. 블록체인은 인터넷이 사회를 변혁시킨 것보다 훨씬 빠른 속도로 예상하지 못한 방향으로 사회를 몰고 간다고 하는 말이 새삼 실감난다.

이 책을 읽은 독자분들은 블록체인과 관련된 다양한 자료를 찾아서 지식을 넓혀가기를 강력히 추천한다.

필자도 가상화폐를 처음 접하면서 가장 집중하여 공부하였던 분야가 블록체인이다. 필자의 블로그 신경제연구소에서 가상화폐 첫 글이 "블록체인이란 무엇인가?"라는 제목의 글인 것을 이번에 다시 확인했다.

국민이 일반상식으로 블록체인을 어느 정도 깊이 있게 알고 있어야 한다. 그러면 사회를 관통하는 패러다임이 바뀌게 된다는 것을 깨닫게 된다. 공무원들은 투명해야 한다는 것을 실감할 것이고 산업에 종사하는 사람들은 새로운 산업기회가 올 수 있는 가능성을 볼 수 있기 때문이다.

현재 가상화폐는
어디로?

현재 비트코인이나 이더리움 등 기존 가상화폐의 미래는 어떻게 펼쳐질까? 다양한 의견이 난무하는 지금 이 문제에 정답을 내리기란 대단히 어려울 것이다. 그래서 전문가들이라는 사람들조차 함부로 예단을 하지 않는다.

그러나 남들이 무책임하게 이런저런 눈치를 보며 합리적 추론을 통해 결단을 내리지 못한다고 가상화폐의 미래가 변하지 않는 것은 아니다. 반드시 바람직한 방향으로 발전을 거듭하며 역사는 진보할 것이다.

요즘 중국 정부나 미국 정부가 취하는 가상화폐 정책 기조를 살펴보면 쉽게 추론할 수 있을 것으로 판단된다.

$ 첫째 화폐로서의 유용성이 없고 단순 매매 차익이나 노리는 투전판 같은 가상화폐의 미래는 없다.

먼저 미국을 살펴보자.

2017년 7월 25일 미 증권감독위원회(SEC)는 ICO가 SEC가 관할하는 미국 증권법의 규제대상이라고 밝히면서 ICO 광풍에 제동을 걸었다.(한경Business) 비트코인과 같은 개념이며 이름만 틀린 코인을 알트코인이라고 한다. 이런 코인들이 ICO라는 막연한 개념을 이용해 가상화폐에 대한 정보가 없는 일반인들의 돈을 갈취하는 일은 더 이상 방치할 수 없다는 의미이다.

ICO를 추진하는 코인들은 하나 같이 거래소에 등록(상장)한다고 한다. 그러면 거래가 자유로워 가격이 올라가서 돈을 벌 수 있다고 선전한다.

중국도 이에 질세라 2017년 9월 ICO를 전면 금지시켰다. 거기에 한 발 더 나아가 가상화폐 거래소를 폐지했다. 몇 년씩 장사를 잘해먹던 거래소가 하루아침에 닫혔다.

거래소가 시세조작, 고의 서버다운 등 많은 불법적인 문제를 야기한 것이 원인이다. 시세차익을 노리고 거래를 하려면 거래소가 없이는 비트코인, 이더리움 등은 미래가 없다. 개인 간에 거래는 상거래가 아니고는 시세차익을 노린 거래는 불가능하기 때문이다.

유럽이나 기타 나라들의 규제 움직임도 위 두 나라와 별반 다르지 않다. 필자도 미국이나 중국의 규제 방향은 바람직하며 합법적이라고 생각한다. 개인 간 상거래 대금으로, 지급결제 수단으로 이용되는 코인의 사용을 법으로 금지해서는 안 된다. 아니 금지할 수도 없다. 중국 당국자도 그런 거래는 금지하지 않을 것이라고 했다.

즉 한 마디로 정리하면 이렇다. 화폐로서의 유용성이 없는 코인은 시장에서 설자리를 잃게 될 것이다.

💲**둘째** 향후 새롭게 나올 가상화폐는 화폐로서의 유용성을 갖추어야 한다.

2017년 1월 유럽연합 집행위원장은 "향후 익명으로 거래되는 가상화폐의 거래에 대하여 엄격한 규제를 가할 것이다."라고 발표했다. 하루가 멀다 하고 매스컴에 실리는 기사를 보면 익명성의 특징 때문에 가상화폐를 이용한 범죄가 끊이지 않고 있다. 각국 규제 당국도 골머리를 앓는 문제이다. 그래서 KYC를 기본으로 갖춘 코인이 향후 대세가 될 것이다. 그리고 거래 처리속도가 신용카드 수준의 블록체인을 바탕으로 하고 있어야 하며 가치의 변동이 심하지 않게 안정적인 관리시스템이 있는 코인일 것이다.

지금 현재 그런 코인은 딱 하나만 존재한다.

💲**셋째** 가상화폐의 거래소는 사라질 수 있다.

중앙관리형 가상화폐가 대세를 이루면 산재한 가상화폐의 투기장은 사라질 것이다. 거래소는 코인마다 하나씩이면 될 것이기 때문이다. 자국의 화폐로 교환 기능을 하는 곳이 각 국가마다 하나씩은 존재해야 할 것이다.

💲**넷째** 각 국가별로 자국의 화폐를 기존 지폐와 등가로 교환해주는 가상화폐가 등장할 것이다.

이미 일본에서는 시작을 했고 조만간 상용화될 것으로 생각된다. 중국 인민은행도 이 문제를 심도 있게 검토한 것으로 전해진다. 중국 전역에서 사용되는 인민폐는 경제적 손실이 어마어마하기 때문이다. 지폐 재발행 비용과 관리 비용은 가히 천문학적이다. 한국만 하더라도 연간 2,000억 원 이상 화폐시스템 유지비용으로 사용된다.

2017년 10월 러시아의 푸틴 대통령은 행정명령으로 자국의 화폐이름을 크립토루블(CrytoRuble)이라고 이름까지 명명하고 개발을 지시했다는 뉴스를 보았다.

PART 5

가상화폐를 규제하나?
세계 여러 나라는 어떻게

가상화폐는 인류역사상 처음 도입되는 화폐시스템이기 때문에 향후 어떤 방향으로 전개될지 초미의 관심거리가 아닐 수 없다. 어떤 누구도 미래의 가상화폐 모습이 이럴 것이라고 단정적으로 말할 수 없다. 하지만 인류는 기술개발을 통해 항상 진보해 왔듯이 가상화폐도 그런 과정을 밟을 것이다.

이런 관점에서 각국 통화당국들이 가상화폐에 대한 정책입안 과정과 내용을 살펴보는 것은 바람직한 미래 가상화폐 상을 통찰해 보는 데 큰 도움이 될 것이다.

가상화폐는
합법인가 불법인가?

2017년 한국 사회에서 가장 높은 검색어 순위를 가진 단어가 가상화폐, 비트코인, 그리고 블록체인이라고 해도 과언이 아니다. 2016년 말까지만 해도 가상화폐란 용어 자체를 들어보지 못한 국민이 99%나 되었을 것이다. 웬만한 식자들도 처음 들어 보고 "그것이 뭐여, 한 번 보여줘 봐." 이런 식의 반응이었다.

미국 실리콘밸리의 최대 화두가 가상화폐와 블록체인이라고 한다. 4차 산업혁명의 기반기술이 될 블록체인은 전문가들에게 대단히 중요한 용어이고, 우리 보통사람들에게는 가상화폐가 중요한 용어이다.

요즘 신문지상에 오르내리는 기사를 보면, 아직까지 가상화폐는 합법화가 안 되어 있어서 위험성이 높다는 내용들이 자주 등장한다. 기자들조차 이런 인식을 바탕으로 가상화폐를 바라보는데 일반 보통사람들이야 당연하다.

가상화폐는 합법이냐 불법이냐가 초점이 아니다. 가상화폐 자체는 합법이다. 사적 자치의 원칙이란 대명제가 있기 때문이다.

단지 가상화폐의 법적 정의가 화폐냐, 금융상품이냐가 논쟁의 중심이다.

그리고 그 규제 방향이 중요하다. 가상화폐의 자체는 합법이지만 그 사용이 불법적인 거래에 사용된다면 그 거래를 규제하기 위한 규제 입법들은 합리적이기 때문이다.

2017년 6월 전 세계를 공포의 도가니로 만들었던 랜섬웨어 공격의 원인이 되었던 가상화폐의 익명성 문제를 어떻게 처리해야 할 것인가? 해커들이 랜섬웨어 공격을 가한 것은 돈을 버는 것이 목적이고 비트코인 등 익명성 가상화폐의 존재가 있었기에 이런 불법적인 일이 자행되었다. 실익이 없는 불법은 발생하기 쉽지 않기 때문이다.

아직까지 가상화폐의 익명성을 어떻게 규제할 것인가에 대한 명확한 입장을 밝힌 나라는 없으나 향후 반드시 이 문제에 대한 법적 규제가 만들어질 것이 분명하다.

그리고 가치의 변동성의 문제, 소비자 보호, 보안수준 그리고 외부기술 감사 등 다양한 문제에 대한 법적 규제가 만들어질 것이다.

1660년대 스웨덴이 중앙은행 발권을 시작한 이래 개인이 화폐를 발행하는 가치를 기록하고 전달하는 프로토콜인 블록체인 기술의 어플리케이션 중 하나인 가상화폐는 이제 시작이다.

　그렇다 보니 아직까지 세계 각국 금융통화당국이 노하우가 없어 조금은 갈팡질팡하는 것처럼 보이나 시간이 지나고 발생하는 문제를 면밀히 검토하여 바람직한 가상화폐 규제 입법을 만들어 갈 것이다.

　여기에 맞추어 개발되는 코인들은 미래가 있을 것이며 그렇지 못한 코인들은 지하경제에서나 사용되는 어둠 속으로 숨어들 것이 불을 보듯 명확하다.

ELECTRONIC COIN

세계 각국의 가상화폐
규제는 어떠한가?

하나!
한국

　2016년 10월 금융통화위원회 금종용 위원장은 2017년 3월까지 가상화폐에 대한 통화당국의 입장과 입법을 추진하겠다고 공식적인 발표를 하였다. 지금까지 각 통화당국별로 학문적 연구 수준의 논문이나 논의가 있어왔지만 공식적으로 통화당국의 입장을 밝힌 것은 처음이다.

　2016년 말 한국사회를 떠들썩하게 만든 국정농단 사건이 터지면서 묻혔던 이 사안을 다시 2017년 2월 국무총리 명의의 발표문으로 세간의 관심을 끌었다.

2017년 9월 현재 더불어민주당 의원들의 공동발의로 국회 입법이 추진되고 있으나 내용은 별로인 것으로 보인다. 가상화폐의 법적 정의 없이 거래소 등 구성요소들에 대한 규제를 중심으로 입법이 추진되는 분위기다.

2017년 10월 2일 발표한 한국은행 자료인 '중앙은행 디지털화폐(CBDC) 관련 최근 논의 동향과 시사점'을 보면 한국도 중앙은행이 가상화폐 발행에 대한 여러 가지 고민이 있음을 잘 보여준다.

하지만 아직까지 준비가 덜된 분위기이다. 기술적인 난제나 염려되는 부분을 여러 가지 열거하고 있다. 2017년 9월 말경 한국도 중국과 마찬가지로 ICO를 전면 금지하는 초강경 발표를 하였다.

거래소에 대한 규제는 아직 내놓고 있지 않으나 거래소 운영실태 조사를 할 수밖에 없을 것이고 그 결과에 따라 규제조치가 내려질 수도 있다.

이런 것은 가상화폐시장을 위축시키는 것이 아니고 건전한 방향으로 가상화폐가 발전하도록 방향을 잡아주는 것이다.

둘! 일본

2016년 5월 25일 자금결제법을 개정하여 가상화폐를 화폐로 정의를 내리고 공표하였다. 1년간의 공표기간을 거치고 2017년 4

월부터 실행에 들어갔다. 거래소의 인가제 도입과 가상화폐 거래에 소비세를 폐지한다는 내용이 중심이다. 2017년 9월 일본 정부는 입장을 조금 바꾸어 가상화폐 거래차익에 대하여 소득세를 부과하는 방안을 검토하고 있다고 발표했다.

당해 10월 2일 뉴스에는 거래소 11개를 인가해 주고 12개소를 폐지하였다고 발표했으며 향후 몇 개 더 인가를 내줄 계획이라고 한다.

중국이 거래소를 폐지한 9월 말 이후에 일본이 가상화폐 시장의 60% 이상을 점하였다고 한다. 다시 한 번 가상화폐 초기 진입단계 때 보여주었던 일본의 위상을 찾는 것 같다.

이렇게 발 빠르게 움직이는 일본도 2014년까지만 하더라도 가상화폐를 화폐로 보지 않고 상품으로 보았다. 불과 2년 만에 입장을 완전히 뒤집었다. 이것이 바로 가상화폐의 특징이라고 할 것이다. 아마 우리나라도 비슷한 전철을 밟을 것으로 예상된다.

미국

· 테러리즘

2017년 6월 8일에 미국 하원의원회는 가상화폐 청문회를 개최하였다. 가상화폐가 테러나 마약 거래 범죄에 사용될 우려가 높아

지는 것에 대한 사전 방비책이다

청문회 내용은 테러리스트와 초국적 범죄 단체들이 가상화폐를 이용하여 자금 조달하는 것을 막기 위해 위험 평가와 정책적인 고려사항을 따져보는 것을 목적으로 한다. 단순 규제를 목적으로 하는 것이 아니라고 밝혔다.

· 자금세탁 방지

2017년 5월 31일에는 한 미국 상원의원이 자금 세탁 방지 법안에 가상화폐에 대해 감시할 것을 요구하여 제출했다. 미국은 금융의 선진국답게 화폐의 악용에 대한 방비책을 미리 준비하는 모습이다.

미국은 주별로 약간씩 상이한 입장이다. 어떤 주는 법안으로 가상화폐를 화폐로 정의한 주도 있고, 뉴욕 주의 경우는 거래소를 인가하기도 하였다. 그러나 세금에 대해서는 약간 유보적인 입장이다. 미래 핀테크 산업에 장애가 될 소지가 있어서 과세에 대하여는 조심스러운 입장을 보이고 있다.

〈출처 : https://steemit.com/kr/@maa/us-virtual-currency-regulation-environment〉

넷!
EU

2015년 10월 스웨덴이 유럽사법재판소에 가상화폐의 법적 정의를 질의하였다. 재판소에서는 가상화폐를 화폐로 정의하여 판결했다. EU 대부분 국가들은 유럽사법재판소 판결을 존중하여 입장을 같이하고 있다.

EU를 탈퇴한 영국도 가상화폐를 화폐로 규정하고 금융왕국의 영화를 재건하기 위해 노력하고 있는 형국이다.

다섯!
호주

호주정부는 가상화폐에 대한 이중과세 종료를 결정했다.

ZDNet에 따르면 호주정부는 비트코인과 같은 디지털통화를 거래하는 개인들에게 이중과세를 부과하지 않겠다고 말했다. 〈호주 핀테크의 후퇴〉 제목의 보고서에서(ZDNet기사로부터 다운로드가 가능한) 정부는 상품세와 서비스세법 아래서 소비자들이 이미 세가 부과된 무언가를 구매하기 위해 디지털 통화를 사용할 때 이중과세가 부과된다는 것을 인정했다.

정부는 디지털통화에 적용되는 대로 디지털통화의 이중과세를 해결하기 위해 전념하고 있고, GST에 관련된 법을 개정하기 위해 입법 옵션에 대해 업계와 함께 일할 것이라고 보도했다.

호주의 상원경제위원회는 디지털통화에 대한 요구에 따라서 그들을 진짜 돈으로써 취급해야 한다고 결론 짓는 보고서를 발표했다. 그 보고서는 이중과세효과는 국가의 디지털통화 기업에 추가적인 부담이 되는 것을 담고 있다.

〈출처 : 코빗 https://www.facebook.com/korBTC/posts/〉

중국에 이어 러시아도 가상화폐와 ICO에 대한 규제에 나섰다.

2017년 9월 7일 크립토코인 뉴스에 따르면, 러시아 중앙은행은 공식 성명서를 통해 ICO 및 가상화폐의 위험성에 대해 발표했다.

러시아 중앙은행은 자국 내에서 '가상화폐에 대한 법적 지위 인정 또는 관련 금융상품이 유통되는 것'에 반대 의사를 나타냈다. 또 가상화폐 시장을 지속적으로 주시하고 있으며, 이에 대한 규제안을 마련하는 것으로 알려졌다.

러시아 중앙은행은 성명서를 통해, '가상화폐는 신원을 보증할 수 없는 익명의 집단에 의해 발행된다.'며 '가상화폐 발행의 불확실한 신원 때문에 투자자와 단체는, 범죄에 이용되는 불법자금과 돈세탁 등 불법 활동에 관여하게 될 소지가 있다.'고 밝혔다. 따라서 투자자들은 가상화폐를 선택하고 투자할 때 이를 분명히 인식해야 한다고 은행은 권고했다.

특히 러시아 중앙은행은 '가상화폐와 관련된 어떤 금융시스템
도 인정하기에는 이르다.' 고 밝혔다. 이는 공공기관의 가상화폐
사용은 물론 민간 가상화폐 거래소도 법적으로 인정할 수 없다는
것을 명확히 한 셈이다.

러시아 중앙은행의 이와 같은 강경한 기조는, 최근 가상화폐 및
ICO 관련 내용이 러시아 언론에 잇따라 보도되며 관심이 높아지
고 있는 데 따른 것으로 보인다. 그동안 러시아 당국의 엇갈리는
움직임에 시장은 혼란이 가중됐다.

지난 6월 러시아 푸틴 대통령은 이더리움의 창시자로 알려진 러
시아 출신 캐나다인 비탈릭 부테린(Vitalik Buterin)과 만나면서 러
시아의 가상화폐에 대한 정책 기조가 긍정적으로 변화하고 있다
는 해석을 남겼으며, 푸틴 대통령의 한 보좌관은 새로운 가상화폐
를 보유할 것이라고 언급이 있기도 했다.

한편 이번 발표는 중국 인민은행의 ICO 규제를 포함해 홍콩 당
국의 발표와 맞물리며, 러시아 역시 가상화폐 및 ICO 규제에 동참
하게 될 것인지 관심이 주목되고 있다.

〈출처 : https://steemit.com/kr/@theblockchainkr/5dm9o4-ico〉

2017년 6월 19일 필리핀중앙은행(BSP)이 가상화폐 교환 및 규제를 위한 '가이드 라인'을 발표했다. 돈세탁이나 범죄에 악용되는 위협보다는 혜택과 기업 발전에 대한 열망 등 잠재적인 이점을 고려해 가상화폐 발전과 통화를 공식 인정한 것이다.

당국은 발표를 통해 가상통화 시스템은 금융 서비스를 제공하는 방법을 혁신할 수 있는 잠재력을 가지고 있으며, 특히 지불 및 송금의 측면에서 빠르고 경제적인 자금 이체가 가능해 국내외를 통틀어 보다 포괄적인 금융 지원이 가능하다고 했다.

또한 돈세탁 또는 테러 자금 조달 등의 혐의가 있는 경우를 제외하고는 금융당국은 가상화폐 교환에 개입하지 않을 것이라고 공표했다. 그리고 필리핀 언론 'PhilippineStar'에 따르면, 필리핀 중앙은행(BSP)이 현지에 가상화폐거래소 설립을 희망하는 기업에 대해 이를 허가한 것으로 발표했다.

CNBC는 2017년 6월 20일 인도 정부의 위원회는 '비트코인 규제 찬성'을 발표했다. 이를 완전하게 합법화하기 위해 가상화폐와 관련된 다양한 규제책들이 논의되는 상황이라고 기사화했다.

가상화폐 정보매체 코인데스크(Coindesk)는 인도 매체 '더 힌두 (The Hindu)'를 인용, 인도 정부가 비트코인 매입시 정부세(Goods and Services Tax)를 부과하려 한다고 2017년 7월 13일 발표했다. 인도 당국의 의도는 비트코인에 세금을 부과하는 것은 가상화폐 에 대한 규제 방안 중 하나로 보고 있다. 향후 어떤 방향으로 전개 될지는 조금 더 두고 보아야 할 것이다.

일본도 2014년 4월에는 가상화폐를 상품으로 판단하고 있었지 만, 2년 후 입장이 완전히 바뀐 것을 보면 추이를 지켜보는 것이 맞을 것이다.

각국 정부의 규제입법을 준수하는
가상화폐로 진화해야 한다

가상화폐는 2009년부터 8년 만에 가치를 교환하고 전달하는 생태계에 큰 영향을 미쳐왔다. 이와 관련된 산업도 엄청난 빠른 속도로 전진을 계속하고 있지만 현재 1,000여 개 넘는 가상화폐는 혁신을 불러일으킨 반면 범죄와 관련된 많은 것을 내포한 것 또한 사실이다.

가상화폐 규제 입법은 거래의 익명성과 분권화(decentralized)된 금융거래 특성과 주로 관련되어 있다. 각국 통화당국의 목적은 가상화폐가 범죄의 도구로 사용되지 않도록 예방하는 것과 올바른 방향으로 가상화폐가 발전하도록 안내하고 보호하는 것이다.

가상화폐는 각각 화폐별로 고유한 특성을 가지고 있다. 그 고유한 특성에 맞게 통화당국과 신뢰할 만한 감사기관으로부터 그 특성에 맞는 감사를 받아야 마땅할 것이다.

가장 바람직한 것은 행정당국이 규제입법을 통해 감사를 실행하기 전에 각 가상화폐별로 이런 의심이 되는 거래를 사전에 방지하기 위한 노력이 먼저 선행되는 것이다.

각각의 재단이나 관리자들은 사용자들의 행동을 모니터하고 규제입법에 맞게 거래하도록 안내하고 그 기능을 유지해야 하는 것이 가장 올바른 길이다.

예를 들어 자금세탁, 아이디 도용, 테러자금, 금융사기 등을 예방하기 위한 각각의 화폐들은 어떤 기술과 내부 규제원칙을 지키고 있는가? 이런 기능을 유지하고 안내함으로써 가상화폐 사용자들이 오용하는 것을 사전에 방지하는 것이 입법 규제에 앞선 문제들이다.

아니! KYC

국제금융실명제(Know Your Customer)로서 가상화폐 채굴부터 엄격하게 KYC를 시행해야 한다. 전 세계 대부분 국가들이 KYC를 준수하고 있다는 것에 착안하여 국제적으로 거래되는 가상화폐의 특성상 반드시 이 규제를 준수해야 미래가 있을 것이다.

각국의 통화당국이 인정하는 필요 서류를 통해 신뢰를 줄 수 있어야 사용의 간섭을 받지 않고 편하게 사용되는 가상화폐가 될 것이다.

일부 가상화폐 전문가들은 이러면 비트코인의 익명성과 분권화된 원래 취지를 훼손시키는 것이라고 주장하기도 한다. 취지는 개념이고 불법거래나 지하경제의 매개 수단으로 사용되는 것을 막는 것은 실제의 경제활동 영역이다.

제출된 신원확인 서류는 엄격히 대외비로 분류되어 해킹에 안전한 보관 장소에 보관되어야 하고 고객정보보호에 관한 법률에 의거 의무를 다해야 할 것이다.

미래의 바람직한 화폐가 되려면 대외적으로 KYC의 준수를 엄격하게 하고 있다는 신뢰를 주어야 한다. 그러기 위해서는 보관장소의 안전함과 고객보호의 의무준수 여부 등을 공인할 수 있는 방법을 강구해 일정한 기간마다 감독을 받아야 한다.

둘! 외부기술감사

블록체인 기술의 특성상 운영자의 자의적 행동이 가능하다. 코인의 발행이 블록체인 내부에서 채굴되고 기록되어야 함에도 그렇지 못할 가능성이 대단히 높다. 그리고 모든 거래 내용이 블록체인에 기록되어 보관되어야 거래의 연속성이 유지되고 해킹에 안전할 수 있으나 데이터 양이 방대하여 그렇지 못한 가상화폐가 대다수이다.

그래서 정기적인 외부의 독립적이고 통화당국의 감독 하에 있는 감사회사로부터 감사를 받고 그 자료를 공표해야 신뢰를 얻어서 주류 통화로 자리 매김할 것이다.

지금은 일반 보통사람들이 이런 내용을 잘 모르지만 시간이 지나면서 어느 것이 가장 신뢰할 수 있는 길인지 알게 될 것이기 때문이다. 보통사람들에게 신뢰받는 가상화폐가 궁극적인 승자가 될 것이 분명하다.

거래의 연속성을 증명하는 방법은 첫 번째 거래와 맨 마지막 거래가 자동화된 컴퓨터의 테스팅으로 검증되어야 한다. 이런 전문적인 감사를 위한 기본 표준안을 통화당국과 각각 가상화폐 관리 체들이 협의하여 진행하고 이를 일반 대중들에게 공표하여 신뢰를 확보해야 한다.

가상화폐를 바라보는 것은 규제 당국이나 일반 보통사람들이나 마찬가지로 아직도 의심의 눈초리로 경계하고 있다.

먼저 자국의 화폐가 디지털 화폐로 변화하는 것이다.

일본의 미쓰비시은행은 MUFG 코인, 미즈호은행은 J코인을 개발하여 1코인에 1엔으로 교환하여 준다고 한다. 러시아도 푸틴 대통령이 2017년 10월에 크립토루블이라는 이름으로 러시아 가상화폐 개발을 지시했다고 한다.

이것이 시사하는 바가 크다. 일본과 같은 방식이거나 러시아 같은 방식 두 가지 모두 가능할 것으로 판단된다. 이것은 바로 각국의 자국 화폐가 디지털화폐로 개혁을 하는 것과 동일한 의미이다. 지폐는 화폐발행권이 중앙은행에 있지만 디지털 화폐 시대는 각 은행이 화폐를 발행하여 기존 지폐와 교환 후 거래의 매개기능으로 활용하면 되는 것이다.

각각 은행이 화폐시스템을 유지하고 중앙관리자로서 역할을 하면 현재의 화폐시스템이 그대로 잘 유지되며 가장 안전한 방법일 수 있다.

발 빠르게 대처하는 시중 은행은 생존해서 해야 할 일이 생기는 것이고 늦게 대응하는 은행은 역사 속으로 사라져야 할 것이다.

각국 중앙은행이나 현재 시중은행이 비트코인 같이 가치가 변하고 국제 거래가 되는 것을 개발하려면 대단히 복잡한 문제가 생길 것이다. 각국 중앙은행 간 대결이나 시중은행 간 대결로 치달게 될 것이다.

　그러면 개발한 코인을 어떻게 전 세계 사용자들에게 분배할 수 있겠는가? 생각은 할 수 있으나 현실적으로 실행하는 것은 거의 불가능한 일이다.

　미국이 가상화폐 기술발전에 소극적인 이유는 단 하나다.

　기축통화로서의 달러의 위상이 흔들릴 것이 분명하다. 화폐로서의 모든 기능 즉 거래의 매개기능, 송금기능, 저축기능 그리고 투자의 대상으로서의 기능을 수행하는 달러의 수요가 엄청나다. 미국은 달러 통화 정책만으로도 세계를 좌지우지할 수 있다. 이러니 당연히 가상화폐 발전에 소극적인 것이 당연하다.

　하지만 국제간 거래가 활발하게 되는 가상화폐가 출현한다면 달러는 그 지위를 물려주어야 하는 것은 불을 보듯 뻔하다.

넷!
국제간 거래되는 가상화폐

　비트코인 등과 같이 국제간에 거래되는 가상화폐의 유용성은 이미 검증되었다. 세계은행 자료기준 2016년 한 해 해외노동자들이 연간 6,500억 달러를 자국으로 송금하는 데 최적화된 것이 가상화폐이고 국제무역대금, 유학 자금, 온라인 해외 직구 대금 등 그 수요는 무궁무진하다.

그래서 가치의 변동이 심하지 않는 가상화폐의 출현은 필연적이다. 국제 간 거래되는 가상화폐의 가치가 나라별로 천차만별이면 거래가 대단히 어렵기 때문이다.

그리고 전 세계 보통사람들이 편하게 사용할 수 있도록 화폐 수량이 1,000억 개 이상은 되어야 한다. KYC인증을 가지고 있는 코인이라야 각종 범죄에 사용되는 것을 막을 수 있다.

사용이 쉬워야 하고 누구나 채굴에 참가할 수 있어야 하고 해킹 등 위험으로부터 안전하고 거래가 신속한 코인이어야 한다.

위와 같은 조건들을 충족하는 코인들이 나와서 전 세계 각 나라에 골고루 분산되어 있어야 국제거래 기축통화로써 기능을 담당하게 될 것이다.

코인만 개발하고 공급했다고 해서 끝나는 것이 아니다. 그 코인을 전 세계 여러 나라에 골고루 많은 유저들을 확보하는 마케팅을 펼칠 능력이 있어야 한다.

현재와 같이 프리세일이나 ICO 등 일부 전문가들에게만 공급해서는 국제통화로서 성장하기가 대단히 어렵다.

PART 6

가상화폐를 제대로 알자

가상화폐란 수학적 암호기법을 활용하여 인터넷 기반으로 거래되는 혁명적인 디지털 자산이다. 최초의 가상화폐는 2009년 세상에 처음 출현한 비트코인(Bitcoin)이다. 2016년 초반만 하더라도 이것을 아는 대한민국 국민은 별로 없었다. 그런데 1년 만에 이제 국민상식이 되었다.

비트코인은 사토시 나카모토(Satoshi Nakamoto)라는 익명의 컴퓨터 프로그래머가 2008년 12월에 논문에 전자화(electronic cash system)라는 논문에 처음 등장하였고, 2009년 초에 오픈소스로 C++ 프로그래밍 언어로 발표되었다.

가상화폐는 눈에 보이지 않고 손에 쥘 수가 없다. 이것이 기존 지폐와 물질적 특성이 다른 것이다. 이것 때문에 가상화폐를 쉽게 이해하기 어렵다. 지폐는 손에 쥐고 있어도 아무런 가치가 없으며 진짜도 아니다.

지폐는 사람이 손에 쥘 수 있으나 가치를 표시하는 것일 뿐이며, 그 가치는 유동적인 명목 화폐이고 종이에 찍힌 숫자에 불과하며, 중앙은행이 발행했다는 신뢰를 바탕으로 유통되는 종이일 뿐이다.

2008년도 양적 완화라는 명분으로 미국에서 달러를 인쇄하여 뿌리면서 발생한 금융위기를 우리는 잘 알고 있다. 지폐는 인쇄되는 종이일 뿐이다. 그렇다. 오늘날 돈의 대부분은 컴퓨터상에 찍히는 숫자가 대부분이다. 컴퓨터 화면상에 뜨는 숫자를 우리는 돈으로 믿으며 살고 있다.

또 돈을 손에 쥐고 있다고 해서 그 돈을 완전히 소유했다고도 할 수 없다. 2016년 말, 인도의 고액권 사용금지 결정으로 하루아침에 휴지조각이 되는 돈의 현실을 직시했다. 바로 그 돈의 주인은 은행이기 때문이다.

사람들이 가진 모든 돈은 시중은행이나 정부가 중앙은행에 이자를 주고 빌린 것이다. 그리고 그 돈을 다시 일반인들에게 이자를 받고 빌려주는 것이다. 따라서 어떤 실물이 있는 지폐를 완전히 소유하고 있다고 착각할 수 있으나 그 생각 자체가 터무니없는 생각이다.

지폐는 믿음을 바탕으로 존재하는 명목상 유동 화폐에 불과하다. 미국은 FRB라고 하는 민간 기업이 그 화폐를 통제하면서 자신들의 이익을 극대화하고 있다.

가상화폐와 지폐를 비교해 보자. 가장 큰 차이점은 어떤 단체나 개인이 돈의 생산을 늘리거나, 방해하거나, 다른 방식으로 유의하게 남용할 수 있는가 하는 점이다. 가상화폐는 전체 시스템에서 그 수량이 미리 정해지고 공표된 원칙에 따라 화폐량을 일정하게 생산한다. 그 시스템에 연결된 모든 사람들은 발행수량을 모두 예측할 수 있어 투명성을 보증한다.

그런데 중앙은행의 화폐발행량을 일반인들이 알 수가 없다. 특히 그것이 미국 연방준비제도(FRB)라면 더욱더 알기 어렵다. 미국 FRB가 은밀하게 화폐를 발행하여 시중에 공급하면 보통사람들이 어떻게 알겠는가?

현재의 가치에 물건이나 노동력을 제공했는데 얼마 지나지 않아 물가가 터무니없이 올라 많은 손실을 볼 수 있어서 가장 투명하지 않은 비합리적

화폐제도이다.

그러나 가상화폐는 각국 정부나 중앙의 권력으로 부터 벗어나 있다. 비트코인 개발자 사토시 나카모토는 중앙정부가 개인의 재산을 온전하게 보전하지 못하기 때문에 비트코인을 개발했다는 이유를 분명히 설명하고 있다.

시중에 유통되는 대부분의 가상화폐들은 해당 화폐의 총 통화량이 궁극적으로 정해지도록 설계했다. 비트코인은 2,100만 개, 라이트 코인은 8,400만 개 이런 식으로 총량이 표시되어 있고 모두에게 알려져 있다.

개발자가 이렇게 만든 이유는 바로 화폐의 발행량의 증가에 따른 인플레이션이 없도록 하기 위해서이다.

금이 가치를 지니는 원리 즉 희소성을 수학적으로 해결하였다. 가상화폐 수량 자체가 부족하게 설계가 되면 채굴이 진행되면서 가상화폐 통화량의 상한선에 접근하면 화폐 자체의 인플레이션이 발생할 우려가 높다. 그러면 사용자들은 상거래에 그 화폐를 사용하려 하지 않고 보관만 하는 경향이 발생하여 유동성이 떨어지는 문제가 발생한다. 그러면 시중에서 그 화폐가 사라질 수 있다는 우려가 높다.

가상화폐는 보안을 위해 암호기법을 이용한다. 이 점이 위조를 어렵게 만든다. 암호기법이란 정보를 보호하기 위해 정보를 판독 불가능한 형태로 변형하거나 암호화하는 기술이다.

인터넷에서 이메일을 보내면 이 암호화된 방법으로 전달되기 때문에 중간에 해킹이 발생하지 않는다. 가상화폐는 특정 국가에서만 발행되거나 특정 기관에서만 발행되지 않는다. 그러므로 가상화폐의 가치는 중앙은행이나 국가 기관으로부터 영향을 받지 않으며 시장의 공급과 수요에 따라 그 가치가 정해진다. 화폐적 속성은 금과 같으나 전자적 신호로 이루어졌다는 물질적 형태가 금과 다른 것뿐이다.

ELECTRONIC COIN

가상화폐의
진행 과정은 어떠했나?

최초의 가상화폐 비트코인은 사토시 나카모토(Satoshi Nakamoto) 라는 익명의 개발자가 2009년 1월에 실물을 발표했다. 비트코인 은 작업증명체계로 해시함수 SHA-256을 사용한다. 이후 수많은 가상화폐들이 등장한다.

분산형으로 인터넷 검열이 어렵게 만든 Namecoin, 거래확 인 속도를 좀 더 개선시키고 수량을 비트코인의 4배로 늘인 Litecoine 등이 대표적이다. 그러나 이러한 코인들이 모두 성공한 것은 아니다. 특히 혁신성이 없는 비트코인과 유사한 것들은 시장 에서 서서히 사라지고 있다.

가상화폐가 처음 등장한 이후 2년간은 언론과 일반인들의 관심이 서서히 증가했다. 특히 2011년부터 2013년 비트코인의 가격이 가파르게 상승할 때는 일반인들의 관심도 대단히 높았다.

2011년 5월 이전에는 비트코인에 대한 우려가 높았다. 비트코인이 시중에서 거래되면서 0.3달러에서 32달러까지 급등했다가 다시 2달러로 추락하는 급등락을 반복했다. 이러다 보니 거품 논란에 휩싸이며 세간에 의견이 분분했다. 2012-2013년 키프로스 금융위기 때에는 비트코인 가격이 1,135달러까지 까지 급상승했다 3일 만에 639달러 까지 급락하기도 하였다.

2013년 3월에는 사소한 기술적 문제 때문에 블록체인에 분기가 발생해서 네트워크가 따로 동작하는 심각한 문제가 발생했다. 핵심개발자들이 거래 일시 중지를 요청하면서 대량 매도 사태까지 발생했다. 그러나 얼마 지나지 않아 기술문제가 해결되면서 다시 안정을 회복했다.

주요 서비스 업체들이 비트코인 결제를 도입했다. 미국의 전자 프런티어 재단(Electronic Frontier Foundation, EFF) 등 비영리 옹호단체들도 비트코인을 받기 시작했다.

2013년 5월 일본 최대 거래소 마운트 곡스(Mt. Gox)사의 부정 사건으로 비트코인을 압류하는 첫 사례가 발생했다. 미국에서도 FBI가 실크로드라는 인터넷 쇼핑몰에서 비트코인을 이용한 마약 거래를 했다는 이유로 쇼핑몰 폐쇄를 명령했다.

중국은 2013년 10월 중국의 인터넷 대기업 바이두가 웹사이트

보안서비스 고객들에게 비트코인 결제를 허용했다. 2013년 11월에는 중국의 비트코인 거래소 BTC 차이나가 일본의 마운트 곡스나 유럽의 대형 거래소를 앞질러 세계 최대 거래량을 자랑하는 거래소가 되었다.

2013년 미국 상원 청문회에서 가상화폐가 적법한 서비스라는 의견이 나왔다. 벤 버냉키 FRB의장이 항구적으로 화폐적 가치가 있는 것이 가상화폐라는 의견이 나오면서 2013년 일본 마운트 곡스 거래소에서 가격이 900달러나 급등하는 일이 일어났다.

중국은 미국과 달리 인민은행에서 중국 금융 기관들이 비트코인 취급을 금지시켰다. 이 조치 후 비트코인 가격이 급락했고 바이두도 비트코인 결제를 거부했다. 캐나다 벤쿠버에서는 2013년 10월 최초의 비트코인 ATM기가 설치되었다.

2013년 미국은 비트코인 거래소를 금전 서비스 사업으로 규제하기로 하면서 돈 세탁으로 의심되는 거래를 신고해야 했다. 이 혐의로 2014년 2명이 암시장에서 불법약품 거래로 체포되는 일이 발생했다.

2013년 2월 일본의 최대 비트코인 거래소인 마운트 곡스가 파산을 선언했다. 거래소 대표가 85만 개의 비트코인을 도난당했다고 선언했는데 추후 수사에서 거래소 대표가 절도한 것으로 드러났다. 따라서 비트코인 가격도 400달러까지 급락했다.

비트코인 가격변동 추이

　2013년까지는 채굴단계이며 보급 초창기였다. 컴퓨터 전문가들 사이에서 조금씩 채굴자가 늘고 2010년 5월 피자가 실물거래의 첫 시작을 중심으로 점차 사용자들이 증가했다. 2013년 말에 최고가를 기록하다 마운트 곡스 사건을 계기로 비트코인의 가격이 급락하여 한동안 회복하지 못하고 있는 것을 볼 수 있다.

　아래 그래프는 비트코인이 탄생하여 지금까지 가격변동과 사용자들의 증가현황을 연도별로 어떻게 변해 왔는지 한눈에 보여주는 자료이다. 2014년을 기점으로 하여 사용자들이 급증하고 있다는 것을 알 수 있다.

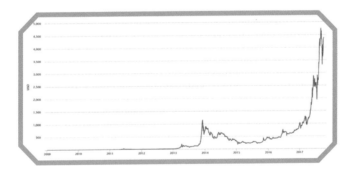

　비트코인 거래승인 시간을 보여주는 자료이다. 2016년 이후에는 승인시간이 급격히 늘어 심지어 20분 이상 늘어나기도 하여 거래처리 속도가 큰 문제로 떠올랐다.

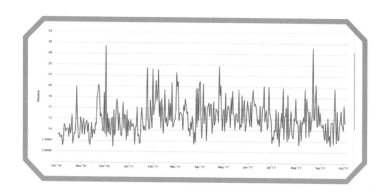

비트코인의 운영방법은 무엇인가?

　비트코인은 오픈 소스 프로그램을 바탕으로 만든 가상화폐로 비트코인 회원들 간에 유통되는 화폐이며 사용료가 없다. 물론 거래소를 통한 송금에는 사용료가 지불된다. 분산형 P2P화폐로서 중앙기관에서 추가 화폐를 발행하거나 거래를 추적하고 돈을 통제할 수 없다. 드디어 돈의 민주화를 이룬 화폐이다.

　비트코인을 사용하면 전 세계 어디서나 환전이 필요하지 않은 화폐로 온라인을 통해 물건이나 서비스를 구입할 수 있는 세계 통화이다. 비트코인의 가치는 실물경제의 영향을 받지 않고 비트코인 네트워크에 참가하는 수급에 의해 영향을 받는다. 비트코인은 개인 전자지갑에 보관된다. 개인이 전 세계 어디서나 그 자금을 소유주가 완전히 통제할 수 있다.

　비트코인은 암호화로 이루어진 화폐이므로 거래 보안이 유지되어 추적 불가능하며 특히 익명성으로 거래가 이루어져 개인 신분이 노출될 염려가 없다.

그러나 비트코인을 사용할 때 단점도 많다. 비트코인을 계속 보유하면 은행에 저축하지 않으므로 이자가 발생하지 않는다. 대부분 시세차익을 노리는 사람들에게 이자는 중요하지 않지만 비트코인을 상품대금으로 받는 상인들은 이자가 중요하다.

그리고 인터넷 기반으로 유통되는 비트코인의 특성상 수급의 충격에 민감하고 기술적 변수에 따라 가치가 급변한다. 특히 국가의 규제문제 등에 민감하게 반응할 수 있다. 그래서 향후 어떤 방향으로 갈지 알기가 어렵다.

비트코인은 분산형으로 이루어져 장점이지만 단점도 있다. 익명성 화폐이므로 송금이 잘못되면 상대가 돌려주지 않으면 원상회복 방법이 없다. 또한 중앙관리자가 없어서 잘못된 거래에 대한 관리방법이 없다. 불법적 거래에 좋고 사기꾼들에게 좋지만 일반 보통사람들에게는 여간 불편한 것이 아니다.

블록체인의 플랫폼은 해킹이 현실적으로 불가능하다. 그러나 비트코인의 전자지갑은 단순 파일로 이루어져 해킹이나 바이러스에 침입을 당하면 돈을 다른 지갑으로 이체가 가능하게 된다. 익명성이라 추적이 불가능해 많은 사람들이 비트코인을 도난당했다. 전자지갑의 비밀번호나 아이디를 분실해도 찾기가 불가능하다.

비트코인 보관 방법은 몇 가지 유형이 있다. 실물지갑에 돈을 보관하는 것이나 은행통장에 돈을 보관하는 것이나 크게 다를 바가 없다. 본인이 지갑을 보관하는 적절한 방법을 강구하여 맞는 방법을 쓰면 된다.

하드웨어 전자지갑

-비트코인을 가장 안전하고 쉽게 보관하는 방법이다.

-간편하게 백업 및 보호할 수 있다.

-컴퓨터에 익숙하지 않은 사용자도 쉽게 설치할 수 있고 오류 가능성이 적다.

모바일 전자지갑

- 소액의 비트코인을 저장하기 가장 쉬운 방법이다.

- 편리하며 지급 및 송금이 쉽고 빠르다.

- 온라인 지갑은 여러 기기에서 동시에 사용이 가능하다.

- 하지만 큰 금액의 비트코인을 보관하기에는 불안하다

온라인 웹지갑

웹 지갑은 사용자가 선택한 비밀번호로 암호화된 개인 키를 온라인으로 저장한다. 최저 수준의 보안을 제공하지만 온라인 비트코인 지갑은 인터넷에 연결된 모든 장치에서 접근할 수 있는 이점이 있다.

셋!
비트코인은 왜 가치를 가지는가?

비트코인이 가치를 가지게 되는 원인은 일종의 돈으로써 가지고 있는 필요충분조건을 가지고 있기 때문이다. 어떤 것이 돈으로서 기능을 하려면 내구성, 휴대성, 대체성(fungibility), 희소성(scarcity), 분리성(divisibility), 인지성(recognizability), 가치안정성 등의 요건을 가지고 있어야 한다.

금화, 법정화폐 그리고 가상화폐를 비교하여 보면 셋 중 가상화폐가 화폐의 요건을 가장 잘 충족시켜주고 있다는 것을 알 수 있다. 그래서 가상화폐가 향후 일반 화폐로서 자리를 잡아갈 수 있다.

비트코인은 금이나 은 등 실물자산에 의존하거나 중앙은행(지폐와 같은)과 같이 국가권력에 의존하는 화폐가 아니고 수학적 암호 알고리즘을 바탕으로 개인이 개발하는 화폐이다. 어떤 형태의 돈이든 가치를 가지려면 사람들이 신뢰하고 채택해야 한다.

비트코인의 사용자가 현재 2,000만 명에 육박하는 것으로 그 가치를 측정할 수 있다. 모든 화폐가 그렇듯이 비트코인도 마찬가지로 비트코인을 결제수단으로 기꺼이 받아들이는 사람들에게서만 가치가 있고 그런 사람들로부터 바로 가치가 나온다.

간단히 한 줄로 정리하면 "화폐란 신뢰하는 숫자"이다.

시장에 참여한 사람들이 신뢰하기만 하면 무엇이든지 화폐가 될 수 있다는 것이다. 다만 그 화폐는 위에 열거한 화폐의 필요충

195

분조건을 가지고 있어야 사용하기 편리한 화폐가 되어 일반 보통 사람들에게 받아들여진다.

대체성(fungibility)은 화폐가 다른 물건이나 서비스로 손쉽게 대체가능해야 한다는 뜻이다. 즉 받아들이는 사람들이 많아지면 대체성이 높아져서 화폐가 된다.

희소성(scarcity)은 총 통화량이 한정되어 있고 임의적으로 통화량이 증가하지 않는다는 것이다. 금은 희소하다. 그 신념은 역사적 경험에 비추어 우리가 희소하다는 신뢰를 공유하고 있기 때문에 금이 금 노릇을 하고 있는 것이다. 마찬가지로 비트코인도 블록체인이란 기술기반 위에 2,100만 개가 총량이 정해져 있다는 것이 시장 참가자 모두에게 알려졌고 비트코인 사용자들에게 희소성을 신뢰받고 있어서 화폐가 된다.

분리성(divisibility)은 물건이나 서비스를 구매할 때 소액으로 쪼개지는 정도를 말한다. 더 소액으로 쪼갤 수 있으면 더욱 좋다. 한국 지폐로 보자면 5만 원, 1만 원, 5천 원, 1천 원, 500원, 100원, 50원, 10원 권으로 확정된 분리성을 보여준다. 금은 지폐에 비해 분리성이 떨어진다.

그러나 가상화폐 비트코인은 소수점 8자리까지 쪼개지기 때문에 역사상 가장 훌륭한 화폐의 특성을 가지고 있다.

인지성(recognizability)은 진짜 화폐와 가짜 화폐를 쉽게 누구나 알아 볼 수 있는 것을 의미한다. 가상화폐는 전 세계 누구나 사용하는 범용화폐로서 가짜 진위 여부를 쉽게 판별할 수 없다면 범용화폐로 받아들여지지 않을 것이다. 전자지갑에 찍힌 숫자만으로 블록체인의 특성상 상대가 나에게 진성화폐를 보냈다는 것을 누구나 쉽게 인지할 수 있다.

하지만 법정통화인 지폐는 위조 여부를 전문가가 아니면 판별하기 어렵다. 그래서 나에게 돈을 준 사람이 누구인지가 중요하다.

넷!
가상화폐의 종류

2017년 9월 현재 coinmarketcap.com에 등록된 코인 수는 900개가 넘는다고 한다. 초기에 시장에서 인기가 있었던 코인들을 간략하게 소개한다.

비트코인은 골드코인이며 가상화폐 중 가장 유명하다. 초창기에는 비트코인을 이용해서 물건을 구매하고, 서비스 대금을 지불하기도 했다. 비트코인은 소수점 이하 8자리까지 나눌 수 있어서 소액결제가 쉽게 해결된다.

비트코인 단위
1BTC = 1개 비트코인

1cBTC = 0.01 BTC

1mBTC = 0.001 BTC

1사토시 = 0.00000001 BTC (비트코인 거래 최소단위)

라이트코인(LiteCoin)

라이트 코인은 비트코인의 은화 버전이라고도 불린다. 2011년 찰리 리(Charlie Lee)라는 구글 출신 엔지니어가 개발했다.

라이트코인은 비트코인을 중심에 두고 개발된 만큼, 기술적 측면은 비트코인과 비슷하다. 다만, 비트코인의 단점을 보완하고 좀 더 나은 가상화폐를 목표로 두고 있으며, 지금까지 알려진 비트코인과 크게 다른 점은 아래와 같다.

1. 비트코인 블록은 매 10분마다 갱신되지만, 라이트코인 블록은 매 2.5분(비트코인의 1/4)마다 갱신된다. 따라서 비트코인보다 대략 4배 빠른 거래가 이루어진다.

2. 비트코인은 SHA-256 기반이지만, 라이트코인은 Scrypt라는 암호 알고리즘을 사용한다. 한동안 Scrypt는 ASIC 및 FPGA를 사용하여 효율적으로 구현하지 못했기 때문에 그래픽 카드가 비트코인보다는 더 오래 버텼다. 그런데 2014년 말부터 라이트코인 ASIC 마이너가 출시되기 시작했고, 효율성도 계속 발전하여 현재는 라이트코인 ASIC 마이너가 시장을 잠식하기 시작했다.

3. 라이트코인은 최종적으로 8,400만 개의 라이트코인을 만들게 된다. 비트코인의 2100만 개의 정확히 4배 많은 통화량이다.

〈출처: https://namu.wiki〉

피어코인(Peercoin)

전통적인 비트코인과 다른 코인으로, 피어코인의 지분입증 시스템에서는 코인이 많을수록 가상화폐를 더 많이 채굴한다. 피어코인의 소유자들은 1%의 이자도 받는다. 코인의 발행량도 완전 무제한이다.

도기코인(Dogecoin)

2013년 6월에 Jackson Palmer라는 사람이 개발하였으며 도기코인의 통화공급 정책은 무제한이다.

네임코인(Namecoin)

비트코인 컨셉에 기반한 소프트웨어를 이용하는 도메인 네임 등록시 시스템의 대안으로써 설계되었다. 상세한 내용은 이해하기 어렵지만 기본적으로 네임코인으로 사람들이 국제도메인관리기구의 통제를 받지 않고 인터넷 사이트들을 등록할 수 있다.

프라임코인(Primecoin)

프라임코인은 한 가지 중요한 면에서 비트코인과 다르다. 암호 하에서 기본적으로 소수를 사용한다. 그 과정에서 프라임코인 네트워크를 설정해서 새로운 소수들을 발견한다.

리플코인(Ripple coin)

비트코인의 프로토콜을 사용하지 않는 화폐이다. 리플은 주요 화폐들 중 가장 특이하다. 리플코인은 은행 간 지불을 하기 위한 거래소 기능을 위해 만들어진 코인이다. 리플은 안드센 호로위츠, 구글 벤쳐스 등 굵직한 회사들이 투자한 코인이다.

내가 직접 가상화폐를
캐내는 채굴

가상화폐 채굴이란 컴퓨팅 파워를 투입하여 이미 정해진 수학적 암호 알고리즘을 해결하면 보상으로 코인이 주어지는 행위를 일컫는다. 좀 더 전문적으로 설명하자면 컴퓨터 자원을 투입해서 거래를 처리하고 네트워크 보안을 유지하면서 시스템 내의 모든 이용자를 동기화시키는 과정이다.

각 나라에 분산되어 컴퓨팅 파워를 제공하는 사람을 일컬어 마이너(miner)라고 한다.

채굴은 특화된 경쟁이 치열한 시장으로서 마이너들은 특화된 하드웨어를 이용해서 네트워크 보안을 유지하며, 이러한 대가로 약속된 계산에 의해 보상을 코인으로 받는다.

비트코인을 마이닝하려면 컴퓨터, 마이닝 앱, 인터넷 접속이 필요하다. 비트코인 마이닝 앱은 그래픽 카드를 이용하여 많은 계산을 동시에 수행할 수 있어야 치열한 경쟁시장에서 살아남을 수 있다. 즉 그래픽 카드가 성능이 좋아야 다른 컴퓨터보다 한 번에 수행할 수 있는 계산 수와 속도가 증가한다.

비트코인 마이닝 성능 측정 단위는 hash/s(초당 해쉬파워)이다. 그래픽 카드에 공급된 데이터를 일정한 길이의 문자열로 변환할 수 있는 횟수를 말한다.

비트코인은 2150년까지 2,100만 개의 코인이 채굴되도록 이미 프로그램화 되어 있다. 채굴에 참가하는 컴퓨팅 파워가 증가할수록 수익을 내기가 어렵다.

비트코인 마이닝이 유지되는 이유는 마이너들이 수행한 과업에 따라 보상으로 거래수수료를 지불받기 때문이다. 특화된 하드웨어와 소프트웨어를 실행하여 네트워크를 통해 알려지는 거래들을 처리하고 확인하는 작업을 반복하는 마이너들이 존재하는 한 비트코인 시스템은 유지된다.

비트코인 마이너들은 자신의 보수를 올리기 위해 부정행위를 하지 못한다. 블록체인이라는 비트코인 시스템 내에서 부정 거래를 추진하면 시스템에 연결된 컴퓨터(노드)가 이를 거절하여 받아들여지지 않아서 자원만 낭비하게 되기 때문이다. 따라서 비트코인 마이너들 중에 신뢰성이 없는 마이너들이 있을 수 있지만 비트코인 네트워크 보안은 계속 유지된다.

이렇게 채굴이 반복 진행되면서 약속된 총량이 채굴되면 마이너들은 소소한 거래 수수료를 받기 위해 거래 처리 과정에 자원을 투입하게 된다.

 마이닝 풀이란 무엇인가?

마이닝 과정은 많은 자원과 에너지가 소모된다. 개인이 개별적으로 컴퓨터 자원을 투입하기보다 여러 명이 공조해서 하드웨어 용량을 높여서 채굴에 참여하면 효율성이 높아진다. 이것을 마이닝 풀이라고 하는데 마이닝에 투하된 자원에 비례하여 그 성과를 나누어 갖게 된다.

요즘에는 어떤 자본가가 사전에 대단위 컴퓨팅 파워를 설치하고 일반인들에게 투자를 받아 자원을 불하하고 공동으로 운영하는 경우가 대부분이다. 이런 마이닝 풀이 부도덕하거나 경제성이 없어 폐업하는 경우가 왕왕 발생한다.

코인의 가치증가와
비례하는 난이도

비트코인은 물리적 금광의 현상을 수학적 이미지로 표현한 디지털 화폐이다. 금광은 시간이 경과하면서 갱도가 깊어지게 되며, 그에 따라 금 채굴비용이 증가하는 물리적 현상을 동반한다. 옛날에 비해 지금 금값이 높은 이유 중 대표적인 것이 채굴비용의 증가 때문이다.

갱도가 깊어지면서 금 채굴비용이 줄어들 수 없다는 것은 우리는 경험에 의해 이미 알고 있다. 만약 갱도가 깊어지면서 채굴비용이 줄어드는 반대 현상이 있다면 어떤 일이 일어날까? 아마도 금광이 발견되면 그것을 알려주려는 사람들이 길거리에 넘쳐날 것이다.

그럴 수 없다는 것을 우리는 경험을 통해 이미 알고 있기 때문에 남보다 먼저 빨리 가서 금을 캐려는 골드러시 현상이 생겨난다.

가상화폐의 채굴도 시간이 지남에 따라서 해결해야 할 수학적 암호 알고리즘이 더욱 어렵게 설계되어 더욱 많은 컴퓨터 자원을 투자해야 한다.

예를 들어 1년차에 컴퓨터 한 대로 채굴하는 코인수를 100개, 2년 차에 50개, 3년 차에 30개 이렇게 설계가 되어있는 코인이 있다고 하자.

코인의 유용성이 높아서 2년 차에 100개의 코인을 취득하려면 컴퓨터 2대를 투입해야 하고 3년 차에는 3.3대의 컴퓨팅 파워를 투입해야 한다. 시간이 경과하면서 동일한 수의 코인을 얻으려면 투입되는 자원이 증가하게 된다. 즉 코인 한 개당 채굴비용이 증가하여 결국 코인 가격이 올라갈 수밖에 없는 현상이 발생한다.

거기에 인기가 많은 코인이라면 가치가 더 올라갈 것이다.

즉 '코인의 가격 = 채굴비용 + 코인 인기도' 라는 공식이 생긴다.

코인마다 난이도를 설정하는 방법은 다르다. 하지만 모든 코인들은 반드시 난이도를 가지고 있고 시간이 경과하면서 반드시 갱도가 깊어지듯이 난이도는 올라가게 설계되어 있다.

보통 난이도는 채굴 참가자의 수와 채굴된 코인 수량의 상관 함수로 되었는데, 이것은 곧 수요의 증가이며, 수요의 증가는 코인의 가치증가와 동일한 의미가 된다.

보통사람들은 바람직한 코인이 탄생하면 난이도가 낮을 때, 즉 아직 시장에서 일반인들이 채굴에 참여하지 않아서 인기가 없을 때 채굴에 참여하여 시간이 지남에 따라 코인의 진가가 알려지기를 기다리는 거북이의 지혜가 필요한 것이다.

채굴하여 지금 바로 돈이 되는 코인은 존재하지 않는다. 그런 코인은 문제가 있는 코인이다.

코인들의 난이도를 가늠하여 생산성을 파악해 볼 수 있는 요령이 있다. 매일 채굴되는 코인의 거래량이 시장 전체에 노출된다. 이것은 블록체인의 특성이다. 위조나 복사가 불가능함을 이것으로 나타내야 하기 때문이다.

coinmarketcap.com에 접속하면 매일 증가하는 시장 거래량을 쉽게 파악할 수 있다. 전 세계에서 마이닝되어 나오는 코인 수를 계산할 수 있는 것이다.

가상화폐
보안사건

· 도난사건

전자지갑의 디지털서명을 이용해서 지갑을 열고 가상화폐를 무단으로 이체하는 행위가 도난사건이다. 대부분의 도난 사건은 결제처리업체, 거래소, 온라인 서비스 업체 등 일반 사용자들이 믿고 맡기는 업체에서 발생한다.

범인들은 소유자들의 컴퓨터나 웹사이트의 허점을 찾아서 멀웨어 등 해킹 프로그램을 뿌려서 지갑주소와 디지털 서명을 해킹하여 가상화폐를 훔쳐간다.

대표적인 것이 2014년 2월 일본 거래소 마운트 곡스 사건이다.

· 랜섬웨어

2017년 여름에 전 세계를 공포로 몰아 넣었던 대표적인 컴퓨터 해킹 사건이다. 중요 컴퓨터를 감염시켜서 복구비용으로 비트코인 등 익명성 가상화폐를 요구한다.

· 무단 마이닝

2011년 6월에 시만텍(Symantec)은 봇넷들이 은밀하게 타인의 컴퓨터를 가지고 무단으로 마이닝할 수 있다고 경고한 바 있다. 전 세계 여러 건의 무단 마이닝 사건이 보고된 바가 있다.

· 도난용 멀웨어

개인 PC의 보안이 허술한 틈을 이용하여 멀웨어를 감염시키고 익명성 코인을 다른 전자지갑으로 전송하는 방법이다. 다양하고 수많은 멀웨어 바이러스가 돌아다니고 있어 각별히 주의를 해야 한다.

실제 이런 방법으로 초기에 비트코인을 도난당한 사례가 여러 번 보고가 된 바 있다.

익명성 코인들은 전자지갑의 보안을 유지하는 것이 필수이다. KYC를 가지고 있는 코인은 전자지갑의 해킹이나 비밀키를 입수해도 코인의 절도는 무의미하다. 그래서 해커들이 해킹을 하지 않는다. 그래서 비트코인, 이더리움 등 익명성의 코인들은 다양하고 안전한 전자지갑 보안 방안을 강구해야 한다.

· 온라인 전자지갑은 2중 안전인증 방안을 강구해야 한다. 2017년 6월 한국 대표적인 거래소가 3만 명이나 되는 고객정보의 해킹사태를 겪었다.

· 전자지갑을 여러 하드웨어에 복수로 보관한다. 그리고 이것을 금고 등 안전한 장소에 보관하여 화재, 도난 등에 대비한다. 네트워크에 연결이 안 되어 있는 장소에 백업 받아둔다.

· 정기적으로 백업한다. 전자지갑 주소를 주기적으로 변경하면서 해킹에 대비한다.

· 암호화하여 보안을 유지한다. 온라인 전자지갑이나 스마트폰을 암호화하여 도난을 방지해야 한다.

· 패스워드는 종이에 적어서 안전한 장소에 보관한다. 그리고 패스워드는 문자와 특수키가 들어간 것으로 만든다.

· 소프트웨어 업데이트를 자주 하라.

· 가상화폐는 온라인 범죄행동, 소위 사이버범죄자들과 깊은 연관이 있다. 2012년 미연방수사국(FBI)는 가상화폐를 자금이동이나 도난 수단으로 보는 사이버 범죄자들이 몰려들 것이라고 경고한 바 있다.

2017년 9월 중국 당국은 거래소를 폐지하면서 거래소 대표들을 출국금지 시켰다. 불법자금의 이동에 연루된 혐의를 받고 있기 때문이다.

· 블랙마켓에서 불법 거래에 가상화폐가 사용되고 있다. 미국의 실크로드(Silk Road)라는 온라인 쇼핑몰은 불법 약물거래 혐의로 미국 사법당국에 의해 폐쇄되었다.

· 가상화폐가 자금세탁에 쉽게 이용될 것이라는 의심을 각 국 통화당국이 갖고 있다. 실제로 2014년 초 미국 한 비트코인 거래소 운영자가 돈세탁 혐의로 체포되었다.

PART 7

올바로 이해하자
가상화폐 투자를

가상화폐를 이용한 투자가 수익률이 높다고 하는 뉴스가 연일 매스컴을 장식하고 있다. 우리 보통사람들도 그 대열에 합류하고자 많은 고민을 하고 있지만 쉽사리 어디 시원하게 답을 주는 곳은 없다.

아직도 합법화가 안 되어서 불안하다느니 내재적 가치가 전혀 없는 전자 데이터베이스인 가상화폐는 순식간에 물거품처럼 사라질 것이라느니 이런 무서운 얘기들이 근거 없이 떠돌고 있다.

알고 나면 아주 간단한 일인데 모를 때는 그것이 공포가 된다. 역사상 처음 받아들여지는 가상화폐 앞에 서면 두려운 것이 사실이다. 어느 누가 책임지는 기관도 없고 법률적으로도 사회 인식적으로도 잘 알지 못하는 새로운 개념이고 기술이기 때문이다.

주위에 있는 전문가들이라고 하는 IT전문가, 금융전문가, 학자 등 수많은 전문가들한테 물어봐도 쉽게 답이 나오지 않는 것이 현실이다.

그러니까 보통사람들에게 기회가 있다. 앞에서도 여러 번 설명했지만 남들이 다 알고 있는 상식이 되는 순간 우리 보통사람들에게는 기회는 존재하지 않는다.

가상화폐 시대로 반드시 넘어 간다. 이것은 역사적 흐름의 대세이다. 그 밑받침에 바로 블록체인이라고 하는 혁명적인 기반기술이 있기 때문이다. 이 부분에 확신을 가진 보통사람들이라면 어떻게 해야 이 기회를 잡을 수 있을까를 고민하게 될 것이다.

아직 확신이 서지 않은 사람이라면 다시 처음부터 공부하기를 희망한다.

자, 이제 확신이 섰다면 해야 할 행동은 아주 간단하다.

바람직한 코인이 무엇인가 기준을 가지고 있을 것이다. 잘 모르는 독자라면 이 책의 앞부분으로 다시 돌아가 바람직한 코인의 기준을 정독하기 바란다.

물론 필자가 제시한 바람직한 코인의 기준이 모든 것을 충족시킬 수는 없다. 하지만 오랜 기간 체계화된 화폐와 관련된 학문적 근거로 제시되는 화폐의 필요충분조건을 정확하게 되새기면 또한 그리 어렵지 않은 생각이다.

그럼 가상화폐를 통해 수익을 내는 방법에 대해 세세하게 살펴보자

ELECTRONIC COIN

신규 유망 코인
채굴투자

바람직하고 미래 전망이 좋은 코인이라는 확신이 선 코인을 발견하면 즉시 해야 할 일이 그 화폐를 발행하는 일이다. 바로 채굴에 참여하는 것이다. 모든 가상화폐는 난이도가 올라가게 설계되어 있기 때문에 아직도 수면에 올라오기 전 많은 사람들이 알기 전에 즉 난이도가 낮을 때 채굴에 참여하는 것이다.

채굴에 참여하는 방법은 각 코인별로 다를 것이다. 먼저 가장 흔한 방법이 오픈 소스이다. 흔한 것이지 가장 안전하고 바람직한 방법은 아니다.

비트코인이나 이더리움처럼 오픈 소스로 개인이 직접 채굴하거나 사설 마이닝 풀이 채굴을 대행하여 줄 것이다. 아주 초기라면 사무실 등 전기 누진세가 없는 장소에서 개인용 채굴기를 구입하여 채굴을 직접 해도 경제성은 있을 것이다.

컴퓨터를 몰라도 된다. 요즘에는 채굴기(컴퓨터)를 판매하는 업자들이 직접 설치를 할 수 있도록 도와준다. 그러니 너무 걱정 말고 채굴기 판매상과 상담해 보라.

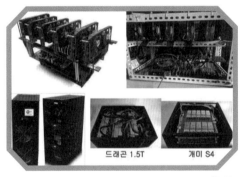

〈출처 : 구글 이미지〉

위 사진과 같이 PC 한 대를 설치할 수도 있고 여러 대를 연결해서 설치할 수 있다. 채굴 전문업자에게 채굴대행을 시킬 때에는 여러 군데 견적을 받아 보고 채굴한 이력과 회사가 얼마나 탄탄한 지 모든 것을 검토한 다음 가성비가 가장 좋은 채굴회사에 투자한다.

마이닝 풀로부터 견적 받아 볼 내용을 간략히 정리하면

1. 무상 유지 보수 기간과 컴퓨터 사양

2. 투자비 대비 채굴되는 월 코인의 수량

3. 채굴회사의 재무상태

4. 화재나 도난 예방 및 해킹방어 수준

5. 채굴장에 직접 찾아갈 수 있는 방법

이렇게 꼼꼼히 채굴전문 대행 회사를 파악해 보는 이유는 간혹 마이닝풀 회사가 파산하기도 한다. 채굴기가 고장이 잘 나기 때문에 무상유지 보수기간은 대단히 중요하다. 24시간 고열을 내며 채굴에 투입되는 장비라서 유지보수가 대단히 중요하다.

참고로 개인집에서는 절대 채굴기를 돌리지 말아야 한다. 누진제 전기요금으로 요금폭탄을 맞을 수 있기 때문이다.

두 번째 채굴방법은 코인 본사가 마이닝 풀을 차려 놓고 채굴을 대행해 주는 방법이다. 흔하지 않은 방법인데 앞으로는 많아질 것이라고 예상한다. 가장 안전하고 보통사람들이 마이너(광부)가 되기 가장 쉬운 방법이다. 회사에서 채굴에 대한 교육도 시켜주고 사설 마이닝 풀이 수익으로 받아가는 중간마진도 없어 수익성이 더욱 좋을 수 있기 때문이다.

어차피 자본을 투자하지 않으면 마이닝에 참여할 수 없다. 개인이 직접 마이닝 할 때는

1. 채굴기 대금

2. 장소 임대료(자신의 사무실이라도 비용 환산 가능)

3. 전기료

4. 개인이 투입하는 노동력

이런 자본이 투자가 된다. 사설 마이닝 풀에 채굴을 의뢰해도 투자비가 투입된다. 마찬가지로 코인 본사가 직접 마이닝을 대행해도 투자비가 들어가게 된다. 채굴의 본질은 방법을 불문하고 같다. 단지 코인이 화폐적 가치가 있어서 미래에 널리 사용될 수 있는 코인인지 확신이 있으면 된다.

둘! 채굴 대행 사기 사례

채굴 전문회사라고 하면서 채굴 투자자를 다단계로 모집하는 회사가 있다. 자기 회사가 개발한 코인은 가지고 있지도 않고 비트코인, 이더리움 등 다른 코인들을 채굴을 하는 전문회사라고 소개하면서 회원을 모집해 투자를 유인하는 사기를 여러 건 보았다.

물론 실제로 채굴 대행 공장을 차려 놓고 있는 회사도 있다. 그런데 이런 회사의 대부분이 사기극인 이유는 간단하다. 채굴기에 투자할 돈이 있고 실력도 있으면 채굴해서 시장에 내다 팔면 돈을 벌 수 있는데 굳이 복잡하게 회원을 모집할 이유가 없다.

셋!
이익의 실현

채굴 즉시 바로 이익이 얼마나 돌아올 것인가? 시장에 내다 팔면 팔릴 것인가? 이것이 또한 마이너(광부)들에게 주어진 숙제이다. 누군가 금방 돈 된다고 해서 없는 자본을 투자했는데 돈은커녕 당장 돈에 쪼들릴 수 있다.

신생 코인은 미래가 유망한 것이지 지금은 누가 사주지 않는다. 아직 사람들이 잘 모르기 때문에 투자 대비 코인 수량을 많이 얻을 것이다. 시간이 지나면 지날수록 난이도가 상승하여 투자 대비 코인수가 줄어들게 된다.

이 부분의 원고를 작성하고 있는 요즘에 ICO나 프리세일이라는 것이 금지되었다. 아마도 장기간 이런 방법으로 코인을 입도선매(立稻先賣)하는 방식은 쉽지 않을 것으로 본다. 그러므로 채굴한 코인을 매각하여 돈을 벌기까지는 어느 정도 시간이 걸릴 것이다.

적어도 2년 이상은 걸릴 것이다. 왜냐하면 마이너들이 증가하여 코인이 유동성을 가져야 하기 때문이다. 비트코인은 마이너들이 30만 명 정도 된 4년이 지난 다음 가격이 상승하기 시작했고 이더리움도 3년 이상이 지난 다음 가격이 올라가기 시작했기 때문이다.

가상화폐로 지금 바로 돈을 벌 수 있다고 하는 말은 무조건 틀린 말이다. 세상에 지금 즉시 돈이 되는 것은 존재하지 않는다. 세상에 알려져야 돈이 된다. 알려지기까지는 많은 시간이 들어가고 돈이 들어간다. 그래서 가치를 인정받는 것이다.

그럼 얼마나 많은 시간이 걸리면 이익이 실현될 수 있을까? 그것은 아무도 모른다. 단지 합리적 추측을 할 수 있을 뿐이다.

그래서 여유 돈을 가지고 시간을 충분히 고려해서 채굴에 투자해야 한다. 즉 버틸 수 있는 힘이 있어야 한다. 버티지 못하고 중간에 원가도 못 받고 되파는 사람들을 여러 명 보았다.

이익을 실현하는 방법은 거래소에 내다 팔아 자국 화폐로 환전하는 것이고 다른 하나는 코인으로 물건을 구매하는 것이다. 전자 화폐는 거래소가 없으면 무용지물인 코인이다. 후자의 코인은 거래소가 없어도 전혀 문제가 없다. 상거래에 사용되는 코인이 있다면 그것은 조만간 무조건 현금으로 대체가 되기 때문이다.

거래소를 통한
매매차익을 고려하라

일반인들이 흔히 알고 있는 일이며 매스컴에 매일 오르내리는 기사가 거래소의 가상화폐 거래가격이다. 시간의 경과에 따라 가격의 등락에 의한 매매 차익을 얻으려고 많은 거래사들이 모이는 곳이 바로 거래소이다.

먼저 거래소 특성은 매매가 발생할 때마다 수수료를 공제한다. 그 수수료가 거래소의 이익이다. 가상화폐 거래소는 회원들이 돈을 따고 잃고는 관심이 없다. 많이 자주 사고 파는 행위를 반복해야 수입이 올라간다.

거래소 대표가 자신의 수익을 올리기 위해 행하는 일이 무엇인지 살펴보면 재미있을 것이다.

💲 **첫째** 거래소에서 거래하는 가상화폐의 종류를 늘려갈 것이다. 종류를 늘리기 위해서는 자신의 거래소에서 거래되는 코인이 유망하고 인기가 있어서 이것을 사면 돈을 벌 것이라는 정보를 보통 사람들한테 줄 것이다.

요즘에 특히 신규 코인을 거래소에 등록하는 일이 빈번해졌다. 이미 세계적으로 유명해진 리플코인이나 대시코인, 라이트코인 이런 것은 당연히 거래소에 거래가 되겠지만 간혹 나온 지 얼마 되지도 않으면서 이슈가 있는 코인들을 거래소에 등록시켜서 거래를 부추긴다. 1개월 이전부터 무슨 코인을 등록하여 거래를 한다고 하는 프로모션을 시작한다.

💲 **둘째** 비트코인, 이더리움의 가격이 얼마까지 올라간다는 등 이런 정보를 제공한다. 보통사람들은 그 말을 믿고 구매했다가 어떤 사건이 발생하면 무서워 또 팔아버린다. 사고 팔면서 결국은 거래소의 수익만 올라간다.

💲 **셋째** 자기 거래소에서 취급할 수 없는 코인을 폄훼한다. 코인 회사가 자체 거래소를 가지고 있는 코인도 있을 수 있다. 그런 코인은 자신의 거래소에서 취급할 수가 없다. 자기의 수익과 아무런 상관이 없고 미래가 있어 보이는 코인은 폄훼하여 보통사람들의 판단을 흐리게 한다.

이 책을 시작하기 전 2017년 7월까지만 하더라도 필자는 가상화폐 시장에서는 제3의 거래소가 반드시 필요한 요소로 보았다. 그런데 중국이 거래소를 폐지하는 대사건이 9월에 발생했다.

조금 더 깊이 생각하는 계기가 되어 다시 거래소의 필요성에 대해 깊이 있게 생각해 보았다. 거래소는 가상화폐의 필요조건이 아니다. 거래소가 없어도 코인이 시중에 잘 유통될 수 있다.

달러나 한국 돈은 거래소가 없어도 시중에 잘만 유통된다. 은행이 거래소 역할을 대신하면 된다. 가상화폐에 투자되는 돈이 산업발전에 기여하는 방향으로 이동하지 않는다.

주식의 발행은 회사가 외부자금을 조달하여 목적 사업을 번창하게 만들어 사회발전에 기여한다. 그런데 가상화폐에 투자되는 돈은 자칫하면 가상화폐 개발자 주머니만 키우는 역할을 할 수 있어 조심해야 한다.

그래서 거래소는 화폐로서의 기능을 상실한 비트코인과 이더리움 등의 거래를 부추겨 단순 도박장으로서의 역할에 머물게 된다.

중국은 이 점을 염려하여 거래소 폐쇄라는 초강수를 두었는데 우리에게 시사하는 바가 대단히 크다.

어쨌든 거래소의 매매에 따른 차익을 노리고 투자를 하는 사람은 거래소에 회원으로 가입하면 자세하게 안내를 받을 것이다. 거래소에서 거래를 하면서 조심해야 할 것이 몇 가지 있다.

💲**첫째** 몰빵하지 말아야 한다. 여러 개의 코인에 분산하여 골고루 거래한다.

아직까지 어떤 코인도 미래가 보장되어 있는 코인이 없기 때문이다. 경제외적 요인에 의해 너무나 큰 영향을 받는다. 하루아침에 물거품 같이 사라질지도 모른다.

💲**둘째** 인공지능 등 누군가의 코치에 의해 거래하지 마라. 결국 언젠가 한 번에 걸려든다.

💲**셋째** 목표수익률이 나면 미련 없이 매각을 추진하라. 현금이 최고의 투자다. 현금이 없어 거래를 못하지 거래를 못해 돈을 못 벌지는 않는다. 현금이 없으면 더 좋은 기회가 와도 잡을 수 없다.

💲**넷째** 각 거래소마다 코인이나 현금이 출금 제한되는 에스크로 기간이 있다. 긴급으로 코인을 보내거나 현금을 인출할 때 낭패를 볼 수 있다. 미리 이 점은 충분히 숙지를 해놓아야 한다.

💲**다섯째** 거래소가 사기를 칠 수 있다. 거래소가 고객의 돈을 떼어 먹고 고의 부도를 낼 수 있다. 또 해킹을 당하지 않고도 해킹을 당했다고 주장하는 방법도 가능하다.

2017년 여름 한국 거래소 야피존도 해킹을 당했다고 주장하며 고객에게 책임을 전가하는 내용을 매스컴에서 본 적이 있다. 2014년 2월에는 일본 마운트 곡스 사장이 고객 돈을 빼돌리고 해킹을 당했다고 주장한 사례도 있다. 이런 점을 유심히 잘 살펴서 고객보호를 어떻게 하는 거래소인가를 사전에 판단해야 한다.

$ 여섯째 거래소가 유명하지 않은 코인을 상장한다고 풍선을 띄울 때 조심하라. 이미 거래소나 큰손들이 해외에서 그 코인을 잔뜩 사들여 놓고 분위기를 조장할 수도 있기 때문이다. 그 코인이 거래가 시작되고 얼마 지나지 않아 가격이 폭락하는 사례가 빈번하다.

TIP 거래소의 형태 분류

1. 거래소 자체 개발 코인이 있는 거래소

자체 개발 코인이 있는 거래소는 자체 코인을 띄우기 위해 왜곡된 정보를 제공할 위험이 높고 소위 작전이 가능할 수도 있다.

다른 나라에도 비슷한 처지의 코인 거래소가 있을 수 있다. 국제간 공조로 가치도 없는 다른 나라 코인을 국내에 들여와 피해를 양산할 수 있다.

2. 자체 코인이 없는 거래소

한국의 대부분 거래소가 여기에 해당된다. 대형 거래소 몇 개 이외에는 대부분 시간이 경과하면 문을 닫게 될 위험이 높다. 진입 장벽이 낮은 산업군에 속하는 것이 코인 거래소이다. 시간이 지나면 대형자본에 잠식당할 것이 불을 보듯 뻔하다. 한국에서 처음 문을 연 코빗도 적자를 면치 못하고 있다고 한다. 세계적인 거래소와 경쟁관계에 놓여 있는 국내 거래소들은 항상 위험에 노출되어 있다.

3. 자체 코인만 거래하는 거래소

가장 안전한 거래소이다. 아직까지 나타나지 않았지만 언젠가는 나타날 것이다. 자체 코인만을 가지고 해외로 송금하는 업무와 환전 업무를 담당하는 거래소가 될 것이다. 아마도 원코인의 거래소가 여기에 해당될 것이다.

이렇게 되면 해외 송금시 다른 코인들에 비해 대단히 편리하다. 국가 간 코인의 가격차가 없어서 신경 쓸 일이 없다. 비트코인의 경우 국내 가격이 해외에 비해 많이 비싸 송금하면 손해가 크다. 그래서 달러나 유로화를 사서 송금하고 있는 실정이다.

필자도 2017년 7월 해외 유학 간 딸에게 송금을 하는데 비트코인으로 못하고 유로화를 사서 송금했다. 그것도 은행가서 반나절의 시간을 투자하고 비용도 6만 원을 들여서 말이다. 소위 가상화폐 전문가가 이것이 무슨 말이나 되는 소린가? 바로 가상화폐의 무용론이 대두된다.

그래서 자체 코인의 세계 단일 거래소 그리고 세계 단일 가격제를 사용하는 것이 중요하다.

개인 간 상거래를 통해
취득한다

책 앞머리에 나온 피자집 사장과 노르웨이 대학생 이야기가 여기에 해당된다. 마이닝을 통해서만 대박을 치는 것이 아니고 거래를 통해서도 대박을 칠 수 있다는 것을 충분히 보여주었다.

위 두 사람은 우연히 그렇게 된 것이지만 이제는 가상화폐 전문학과가 대학에 생겨날 정도로 학문적으로 체계화 되어있다. 이제는 공부하고 때를 기다리면 유망한 코인을 볼 수 있다.

먼저 유망할 것으로 예상되는 코인을 가격이 낮을 때 상거래를 통해 획득했다가 나중에 코인의 가격이 올랐을 때 대박을 내면 되는 것이다. 어쩌면 이것이 가장 현명한 방법이다. 보통사람들 모두가 장사를 하는 사람들이 아니지만 지인에게 돈을 주고 산 것도 상거래에 포함된다.

상거래 시점이 중요하다. 가격이 낮을 때 획득해야 대박을 낸다.

이 상거래를 통한 코인 획득이 중요한 이유는 무엇인가?

💲**첫째** 단골 손님을 확보하는 것이다. 어떤 유망 코인을 상품대금으로 받겠다고 선포하면 그 코인을 가지고 있는 유저들에게 바로 소문이 난다. 점포나 제품의 이름을 각인시키는 데 얼마나 많은 광고비를 쏟아 부어야 하는지 잘 알고 있지 않은가? 특히나 요즘 같이 복잡하고 개인화된 시대에는 더욱 어렵다. 그런데 이처럼 손쉽게 광고하고 단골 손님을 얻는 일이 어디에 있단 말인가?

💲**둘째** 본인이 유망하다고 생각되는 코인의 유동성(liquidity)를 높여 코인의 가치를 높이게 된다. 결국 나 자신에게 이익이 되는 행위이다. 화폐라는 것은 이렇게 자연스럽게 만들어지는 것이다. 비트코인도 처음에는 이런 식으로 조금씩 상거래가 이루어지면서 알려지게 된 것 뿐이다.

그럼 어떻게 시작할 것인가?

💲**첫째** 악성재고와 코인을 교환하라.

장사를 하거나 제조를 하는 사람들은 반드시 악성재고가 있다.

본인에게는 악성재고지만 코인을 가지고 있는 사람들에게는 그냥 사용가치가 있는 재화이다.

장사를 하는 사람 입장에서 악성재고는 비용이다. 즉 자산이 아니다. 자산이란 돈을 벌어주는 것을 자산이라고 할 수 있다. 악성재고는 팔리지 않고 이자비용, 보관비용 및 그것을 볼수록 올라오는 울화통으로 인한 건강손실 등 많은 비용이 발생하는 것이 바로 악성재고이다.

악성재고란 언젠가 팔릴 것이라는 뜻이 아니고 안 팔리는 것을 말한다. 언젠가 팔리는 재고는 장기재고이다. 착오 없기를 바란다.

코인을 소지한 사람은 코인의 가치를 알아주는 사람이 고마워서 악성재고와 코인을 쉽게 교환한다. 그것도 높은 가격에 코인과 교환할 수 있다. 악성재고 보유자는 무조건 남는 장사다. 교환 즉시 앞으로 비용은 발생하지 않을 것이기 때문이다. 얼마나 신나는 장사이고 남는 장사인가?

$ 둘째 시간과 코인을 교환하라.

예를 들어 미장원에 손님이 없는 원장님은 남는 것이 시간이다. 골프 레슨 프로인데 요즘 경기가 안 좋아 레슨 받으러 오는 사람이 없는 프로도 마찬가지이다. 스크린 골프장을 차렸는데 손님이 없어 방이 놀고 있는 업주도 마찬가지이다. 이것은 악성재고와 동일한 뜻이다. 손님이 손님을 몰고 온다는 마케팅 속설이 있다. 코인을 소지한 사람이 다른 손님을 데리고 같이 업소를 찾아온다. 점포의 문지방이 닳으면 업주의 지갑은 두툼해질 수밖에 없다. 문지방을 넘는 손님만 있으면 무슨 수를 써서라도 주머니를 비우게 만들 수 있는 방법을 강구할 테니 말이다.

돈을 들이지 않고도 대박을 치는 일이 바로 이것이다. 나의 사업이 잘 돼서 돈 벌고, 코인의 가격이 올라서 돈 벌고, 완전한 일석이조의 일이다. 코인의 가치를 알아보느냐 못 알아보느냐 이것이 중요한 것이다.

$ 셋째 이익과 코인을 맞바꾸어라.

수입자동차를 파는 사업자인데 자동차의 가격은 수입원가와 관리비 그리고 순이익 이렇게 이루어져 있을 것이다. 순이익을 코인과 맞바꾸는 것이다.

유망한 코인을 소지한 사람들이 그런 광고에 얼마나 기뻐할 것인가? 옆 사람은 자기보다 훨씬 많은 돈을 주고 자동차를 사야 하지만 본인은 코인만큼 돈을 벌었다고 생각할 것이다.

자동차 이외 다른 사업을 하는 사람들도 마찬가지이다. 자기 점포를 전국에 걸쳐 있는 코인 소유자들한테 광고를 할 수 있으니 얼마나 큰 효과인가? 깊이 생각해 볼 만하다.

PART 8

가상화폐 관련 걱정에 대한 Q&A

가상화폐는 합법인가 불법인가?

Answer

가상화폐는 어느 나라의 법전에도 합법인지 불법인지 명시된 법전이 없다. 간혹 한국 신문기사에 "가상화폐는 아직 합법화가 안 되어 있어서 문제가 있다."라는 내용을 볼 수 있다.

이런 기사를 보는 일반 사람들은 가상화폐를 다루는 것이 불법적 행위라고 반대해석을 하여 아예 가상화폐를 도외시하는 것을 간혹 본다. 작년만 하더라도 어디 강의를 가면 필자가 항상 받는 질문이기도 하다.

가상화폐는 민간이 개발하고 개인이 채굴을 통해 발행하고 개인 간 상거래의 매개로서 유동성을 가지는 민간화폐이다. 즉 금과 동일한 속성을 지닌 화폐일 뿐이다. 단지 금과 물질적 특성이 틀리고 화폐의 기능이 디지털의 특성이 있어서 사용의 유용성이 가장 좋은 화폐일 뿐이다.

사적자치의 원칙이라는 민법의 대원칙이 있다. 이 원칙은 전 세계 민법의 원칙으로 민간 사적 거래의 기준점이다. 사회질서를 교란하거나 미풍양속을 해치지 않는 개인간의 거래는 거래의 내용이나 지불수단은 자유라고 하는 것이다. 계약자유의 원칙이라고 도 한다.

필자는 가상화폐는 이 원칙에 해당되어 원천적으로 합법적 성격을 가지고 있다고 생각한다. 다만 그 법적 성격이 화폐인가 재화인가가 중요하다. 법적 근거를 가지면 가상화폐의 규제기준을 법제화할 수 있다.

예를 들자면 금융실명제 법률을 적용하여 익명성인 화폐의 유통은 불법이라고 한다든가, 거래소의 은행 수준의 법규를 적용한다든가 이런 법률을 제정하는 것은 합리적 법률이다.

연세대학교 김홍기 교수의 논문 〈비트코인의 법적 쟁점과 운용방안〉을 보면 우리나라가 어떻게 법 정비를 해야 할지 방향을 가늠해 볼 수 있다.

Question 02

가상화폐를 개발한 회사가 부도가 난다면?

Answer

현재의 지식으로 설명하기 참 어려운 질문이다. 주식은 그 회사가 부도나면 하루아침에 휴지조각이 된다는 것을 잘 알고 있다. 이런 지식이 가상화폐의 본질적 특성을 이해하는 데 장애가 된다.

부도라는 것의 본질적 의미는 주인이 없다는 것이다. 회사가 망해 주인이 사라지니 주식은 휴지조각이 되는 것은 당연하다. 비트코인의 개빌자라고 알려진 사토시 나카모토는 가명으로서 실존 인물이 누구인지 정확하지 않다.

설령 지금 그 실제 인물이 누구라고 밝혀져도 상관이 없기는 마찬가지인데, 비트코인의 개발자가 누군지 모른다는 것은 비트코인은 처음 시작부터 이미 부도가 난 상태에서 시작이 되었다. 그 주인이 개인이든 회사이든 실존하지 않으면 부도라는 것은 마찬가지이다. 가상화폐는 주식과 신뢰의 근거가 다르다. 가상화폐 비트코인의 신뢰 근거는 바로 블록체인이라는 기술이 신뢰의 근거이고, 주식은 정관에 표시된 회사와 그 실제 인물인 대표자가 신뢰의 근거이다.

금이 금 노릇을 하는 것은 "금이 금이기 때문이다"라고 말하는 것은 어린아이 같은 대답이다. 금은 냉정한 역사적 경험에 비추어 그 희소성이 보장되고 물질적 특성이 안정적이라는 신념을 가지고 있기에 화폐로서 금의 역할을 한다.

가상화폐가 화폐로서 가치를 인정받는 것은 블록체인이라는 기반기술을 신뢰하기 때문이라는 것을 정확히 이해해야 한다. 독자들이 염려하는 해킹, 위조, 분실 등의 염려나 회사의 부도 등으로 인해 가치가 상실될 위험이 없다는 신뢰를 블록체인이 준다.

블록체인을 바탕으로 개발된 코인은 모두가 가상화폐가 맞다. 단지 독자들은 그 코인의 유용성을 어떻게 현실적으로 증명할 것인가만 남보다 먼저 발견하기만 하면 된다.

즉 민간에서 자연스럽게 받아들여지고 사용하면서 불법이나 사회적 물의를 야기하지 않는 코인이라면 저절로 돈이 된다. 돈이란 바로 이런 것이다. 조개나 바윗돌 등이 돈으로 사용됐던 것을 곰곰이 생각해 보자. 금도 이런 과정을 거쳐서 화폐 기능을 할 것이다.

더 좋은 가상화폐가 나올 때까지 기다려야 하나?

Answer

비트코인을 맨 처음 채굴하기 시작한 사람은 필자는 모른다. 물론 개발자가 처음 채굴한 것으로 알려져 있다. 그 사람은 어떤 마음으로 처음 채굴하였을까? 물론 새로운 개념이고 컴퓨터를 잘 다루고 하니 재미삼아 채굴하기 시작하였을 수도 있다.

그런데 현재의 결과는 어떠한가?

한 개에 1,200만 원을 오르락내리락 하고 있다. 물론 지금 그 돈을 주고 비트코인을 사라는 뜻은 절대 아니다. 비트코인이 나중에 가치가 현격히 떨어질 수도 있기 때문이다.

이 책을 읽는 독자들은 필자와 마찬가지로 평범한 개인이 대부분이다. 이미 가격이 엄청나게 오른 비트코인이나 이더리움을 가지고 돈을 벌겠다고 하는 것은 주식 시장에서 돈을 벌겠다고 하는 것과 무엇이 다른가?

주식거래소나 가상화폐 거래소에서 매매 차익을 얻는 사람들은 분명 존재한다. 그러나 우리 일반 보통사람들은 이익을 얻는 쪽에 선다는 것이 얼마나 어려운 일인가를 너무나 잘 알고 있다. 그래서 부러워만 하지 쉽게 덤비지는 못한다.

지금까지 이 책을 통해서 고민하고 깨친 지식을 바탕으로 바람직한 코인이 시장에 나오면 초기에 채굴에 참여하든지 비트코인 피자집 주인처럼 상거래를 통해 저가에 획득하고 편안한 마음으로 때를 기다리면 된다. 대단히 쉬운 일이다.

더 좋은 것이 나와도 전혀 걱정이 없다.

가상화폐는 화폐이지 상품이 아니기 때문이다. 상품은 더 좋은 것이 나오면 기존 것을 대체해 버리기 때문에 먼저 나온 회사는 망한다. 하지만 화폐는 중복 소유가 가능하기 때문이다.

필자도 비트코인, 이더리움, 리플코인, 원코인을 동시에 가지고 있다. 우리 독자들이 이 점을 생각해 보지 못했기 때문에 위와 같은 의문이 생기면 주저하게 된다. 주저하는 순간 눈앞에 다가왔던 기회가 저 멀리 사라지는 것이다.

가상화폐 가격이 올라가는 데는 반드시 시간이 소요된다. 어떤 코인도 세상에 나오자마자 바로 가치가 치솟은 것은 하나도 없다.

비트코인, 이더리움을 포함한 모든 코인들이 4년 이상의 긴 세월을 보낸다. 그 이유는 유저(사용자)를 확보하는 데 반드시 시간이 소요되기 때문이다.

혹시 지금 독자들 앞에 나타난 코인이 깊은 숙고 끝에 유용성이 대단히 높은 바람직하다는 결론이 난다면 초기에 잡는 것을 절대 두려워 마라. 그렇다고 무리한 투자도 하지 마라, 또 좋은 코인이 나와서 기회를 줄 것이기 때문이다. 지구상에 필요한 적정 화폐량이 채워질 때까지 신규코인이 계속해서 나올 것이다. 필자는 그 정확한 숫자는 알아맞힐 재주는 없지만 적어도 1,000억 개 이상 하는 코인이 몇 개 정도는 개발되지 않을까. ^^

Question 04

만약 예측하지 못한 어떤 문제가 발생한다면?

Answer

정세가 불안해지고 어떤 경제적 상황이 급변하여 예측하기 힘들면 안전자산이라고 하는 금 가격이 올라가는 현상이 발생한다. 이것은 기존 경제학 이론의 기초이고 또한 실제 발생하는 현상이다.

2016년 말 인도의 고액권 사용금지 법안이 입법될 때 비트코인의 가격이 치솟았다. 물론 그보다 앞서 영국이 EU를 탈퇴한 브렉시트(Brexit)가 발표되던 시기에도 금과 비트코인 가격이 같은 방향으로 움직였다.

2017년 하반기 요즘 북한이 세계 이목을 집중시키는 현상이 발생하자 비트코인 등 가상화폐 가격이 각종 악재에도 불구하고 올라가는 현상이 발생하였다.

가상화폐는 안전한 디지털 자산이라고 평가를 받고 있다. 예를 들어 우리나라 동해 너머 있는 섬나라에 자연의 대재앙이 발생하여 그 열도가 침몰하는 현상이 발생하였다고 가정해 보자.

그 국민 중 A라는 사람의 자산은 건물과 토지 등 부동산 자산이 10억 원, 은행적금, 주식, 보험 등 금융 자산이 5억 원, 금, 현금,

외환 등이 1억 원 있고, B라는 사람은 A와 같은 자산과 거기에 유용성이 좋은 가상화폐를 50,000개 가지고 있다고 가정하자.

이보다 더한 만의 하나는 없을 것이다.

A, B 두 사람이 한국으로 구사일생 살아서 왔다면 A는 자산이 0원에서 다시 인생을 시작해서 살아야 하고, B는 50,000개의 가상회폐 자산으로 다시 인생을 시작하는 결과를 갖는다.

그러면 어떤 자산이 가장 안전한지 독자들은 바로 이해하였을 것이다.

PART 9

가상화폐에 대한 편견과 오해

사 놓으면
가격이 오른다?

가상화폐에 대한 신문기사가 연일 지면을 할애 받는다. 누가 얼마를 벌었다느니 비트코인 가격이 1억이 된다, 이더리움 가격이 100만 원이 된다는 등 수많은 얘기들이 오르내린다.

또 옆에 사람은 "아, 미치겠다. 2017년 1월 이더리움 1만 원 할 때 누군가 사라고 했는데, 그때 살 걸. 100만 원 된다는데 지금 50만 원 하니까 살까?" 이렇게 말한다.

정말로 사놓으면 가격이 오를까? 그럴 수 있는 가능성이 상당히 높다고 필자도 생각한다. 그러나 우리 보통사람들은 과연 이렇게 해서 돈을 벌 수 있을까? 사놓은 코인의 가격이 곤두박질 쳐도 참고 기다리며 희망한 가격까지 오르기를 기다릴 수 있는 여유가 있을까?

이런 생각이 현실로 다가온다는 확신이 있다면 지금 거래소에 코인을 내다 파는 사람은 없어야 한다.

바로 본전 심리에 보통사람들은 망한다. 이미 오를 때로 오른 비트코인이나 이더리움을 사서 투자수익을 얻겠다고 덤비는 사람이 있을까? 가격이 떨어지면 더 떨어질 것 같아서 내다 팔 수밖에 없을 것이다.

그러면 비트코인이나 이더리움 가격이 낮을 때는 왜 못 샀을까? 이렇게 반문하면 답을 찾을 것이다. 그때는 확신이 없어서? 그럼 지금은 확신이 있는가? 그 확신의 근거는 무엇인가?

그 근거는 바로 남의 생각이다. 가상화폐 거래소 관계자들이거나 아마 큰손들이 하는 언론 플레이다. 거래소는 거래가 많아야 수수료 장사가 될 것이고 큰손들은 거래장이 엎치락뒤치락 해야 큰돈을 벌 수 있다.

남의 생각이 마치 내 생각인 것처럼 행동하지 말아야 한다.

가상화폐 거래소 거래를 통해 돈을 벌 수도 있고 잃을 수도 있다. 가격이 움직이는 방향을 잘 맞추는 능력이 있다면 가상화폐보다 훨씬 크고 더 안전한 주식거래소에 가서 노는 것이 맞다.

ICO에 참가하면
무조건 돈을 번다?

가상화폐가 대세이고 난이도가 낮고 남들이 잘 모를 때 코인을 획득하면 무조건 돈을 벌 수 있을 것이다. 그리고 새로운 기능이 들어가 있고 보안이 철저하며 유명한 회사의 이름을 가지고 있고 거기다 세계적인 코인거래소에 등록까지 한다고 한다.

이 기회는 나에게만 온 듯한 느낌이고 밤새 많은 고심을 하고 꽤 큰돈을 투자했다.

자, 어찌 될 것인가?

전 세계적으로 한 달에도 10개 이상씩 ICO가 진행되고 있다고 한다. 코인은 국제적으로 거래되는 것이 특징이다. 한국에서만 투자자들이 모여 들었다고 그 코인이 유명해질까? 3만 명의 투자가들이 모여 들었다고 그 코인이 유명해질까? 10만 명의 투자자들이 모여 들었다고 그 코인이 유명해질까? 그 결과는 아무도 모른다.

지금까지 코인의 역사를 잘 살펴보자.

비트코인은 4년이나 지나서 가격이 오르기 시작했다. 이더리움도 4년이 경과한 뒤 가격이 오르기 시작했다. 이런 세계적으로 큰 반향을 불러일으킨 코인들도 가격이 오를 때까지는 몇 년씩 걸렸다.

그런데 그렇지도 못한 코인을 어찌 세상 사람들이 그리 잘 알아서 거래소에만 등록하면 가격이 오른단 말인가?

세계적으로 유명한 폴로닉스라는 거래소는 100개 이상의 코인을 취급하고 있다. 그 중 어떤 코인이 유망한 코인이 될 것이라고 어떻게 판단하여 일반인들이 그 코인을 사겠는가? 네이버에 광고했다고 해서 모든 상품이 다 잘 팔리지는 않는다. 아니 상품 이름조차 알 수가 없다

우리나라뿐만 아니라 중국을 비롯한 다른 나라에서 ICO를 철저하게 규제하여 무분별한 코인의 남발을 막고 건전한 방향으로 코

인 산업을 육성하려고 하고 있다. 참으로 다행스러운 일이다.

그럼 새롭게 런칭되는 코인을 그저 쳐다만 보고 있을 것인가? 아니다.

여러 보통사람들이 모여서 그 코인을 연구하고 따지다 보면 장점과 단점이 보이고 미래가 보일 것이다. 그때 채굴에 참여하거나 ICO에 참여해도 늦지 않다.

네트워크 마케팅을 통해 공급되는 코인은 사기이다?

필자가 가상화폐에 투자하여 10억의 가치를 가슴에 품었다고 했다. 그 코인이 바로 원코인이란 것이다. 2015년 1월 홍콩에서 네트워크 방법을 통해 채굴자들을 공개 모집하기 시작하여 2017년 9월 현재 195개국에 걸쳐 320만 명의 채굴자를 모집하였다.

필자도 320만 명 중 한 사람으로 온라인을 통해 무료로 회원 가입하고 채굴프로그램에 참여했다.

네이버나 구글 심지어 일간 신문에서조차 원코인을 사기라고 하는 기사를 게재하였다. 얼핏 보면 금융 다단계 사기처럼 보이기도 한다. 필자도 채굴에 참가하기 전에는 그렇게 생각했다. 사기처럼 보인다고 모두가 사기가 아니라는 것이다. 그럴 듯한 것이 당연한 것이 아니듯 말이다.

향후 원코인 같은 코인이 아니 더 나은 코인이 개발되어 네트워크 마케팅을 통해 시장에 공급될 수도 있다. 아니면 ICO를 통해서 공급될 수 있다. 그 마케팅 방법이 어떻든 그 코인이 유용성이 있고 진실하면 아무 상관이 없다. 코인이 유용성을 갖기 위해서는 반드시 채굴자들이 채굴에 투자해야 된다. 그리고 전 세계 각 나라에 골고루 최대한 많은 사람들이 채굴에 참가하는 것이 가장 바람직하다.

이런 목표이미지를 달성하는 데 그 마케팅 방법은 어떤 것을 사용해도 무방하다. 물론 합법적인 방법을 동원해야 한다. ICO를 하든 총판을 통히든 신문 지상을 통해 공개 모집을 하든 어떤 마케팅 기법이라도 목적을 달성하면 최고의 코인이 되는 것이다.

심도 있는 연구 없이 눈에 그럴 듯하게 보인다고 생각하고 싶은 대로 생각해서 눈앞에 다가온 기회를 놓치지 말아야 한다.

즉시 돈이 되는 코인이 있다?

한 마디로 이런 코인은 절대 존재하지 않는다. 물론 말로는 존재할 수 있으나 현실적으로 불가능하다는 것이다. 이렇게 설명하고 투자를 권유하는 코인이 있다면 그것은 100% 문제가 있는 것이다. 어떤 사물이나 금전이 가치를 가지려면 2가지 요건에 제약을 받는다.

가치공식

$Value (i) = f(Di)$

(i는 재화의 이름, f(D)는 수요함수)

단 i는 공급량이 유한함

공급량이 유한한 재화 i의 가치는 수요가 늘어나면 가치가 올라가고 수요가 떨어지면 가치는 떨어지는 함수관계이다. 그래서 처음 나온 코인이 바로 가치를 가져서 돈이 될 수 있다고 하는 것은 현실적으로 불가능하다는 것이다. 수요자들에게 전달되고 수요자들이 늘어나는 시간이 반드시 필요하다.

아마도 금이 금 노릇을 하기까지는 몇천 년이 걸렸을 것이다. 모든 사람들이 처음부터 금이 가치를 가지고 있다고 생각하지 않았을 것이다. 찬란한 잉카 문명국 사람들조차 금의 화폐적 가치를 알지 못했다는 것을 보면 가히 짐작하고도 남는다.

그러니 우리 보통사람들은 이런 말에 현혹되어서 잘못된 판단을 해서는 안 된다. 누군가가 이것만은 그렇지 않고 예외라고 주장한다면 더 이상 말을 섞지 않는 것이 상책이다.

내재적 가치가 없는 코인은 절대 화폐가 될 수 없다?

이 말은 전제부터가 잘못되었다. 위 말의 전제는 화폐가 되려면 내재적 가치가 있어야 한다는 것이다. 현재 지폐가 무슨 내재적 가치가 얼마나 되는가? 그리고 금은 내재적 가치가 얼마나 되는가?

범용 화폐가 되는 것은 내재적 가치와 아무 상관이 없다. 희소한 물건이나 형태가 없는 어떤 것도 화폐가 될 수 있다. 내구성, 휴대성, 대체성, 인지성, 운반성, 분리성 등이 뛰어나고 가치의 안정성이 보장되며 희소하다는 것이 객관적으로 검증이 된다면 어떤 것들도 화폐가 될 수 있다. 꼭 물질로 이루어진 것일 필요가 없다. 숫자로 표시할 수 있는 것이면 된다.

화폐는 인간이 발명한 최고의 발명이라는 말이 있다. 이 세상 어떤 것도 위에 열거한 화폐가 갖추어야 할 기본을 가지고 있는 것이 거의 존재하지 않는다.

지금 존재하는 비트코인이나 이더리움은 절대 화폐가 될 수 없다. 화폐의 전제 조건들을 상당 부분 갖추지 못했기 때문이다. 다만 그 가능성을 열어 주고 깨우쳐 준 것으로 만족한다. 비트코인이나 이더리움의 단점을 극복한 코인들은 반드시 나오게 된다.

그 첫 번째 코인이 원코인이다. 원코인의 단점을 보완한 코인이 또 나오게 될 것이다. 기본이 갖추어진 코인은 유저들 간에 사용되어질 것이며 사라지지 않을 것이다.

우리가 달러, 유로화, 인민폐 등을 중복하여 사용하고 있듯이 코인들도 중복하여 사용할 수 있기 때문이다.

가상화폐가 지폐를 대체할 날은 불과 얼마 남지 않았다. 앞에서도 잠시 언급했듯이 자국의 화폐가 가치 변동이 없는 디지털 화폐로 변할 것이고 국제간 거래가 되는 가상화폐, 이렇게 2가지 방향으로 진보할 것이다.

현재 가상화폐의 단점들을 극복할 수 없다?

인터넷이 나오고 동영상이 인터넷으로 전송될 때 뚝뚝 끊어지는 현상이 있었다. 동영상은 연속적인 아날로그 특성이 있어서 쉽게 이 문제를 해결하지 못한다고 주장하는 사람들이 절반 이상이었다. 그런데 지금 와서 보라.

세상에 극복 못할 문제는 하나도 없다. 단지 처음에 착안하지 못했기 때문이다. 현재 가상화폐의 단점들은 무엇인가?

$ 첫째 트랜젝션 속도가 느리다.

이미 원코인은 1분에 70만 이상의 처리 속도를 가지고 있다.

$ 둘째 범죄에 이용된다.

분산형 익명성 가상화폐가 가상화폐의 기준이기 때문에 범죄의 이용은 필수적으로 발생할 수밖에 없다. 그래서 일반 화폐로서 존재하기 어렵다. 실명제인 가상화폐가 나오면 단숨에 해결된다.

$ 셋째 가격의 불안정성이 높아서 상거래에 이용되지 못한다.

가격결정 요소가 거래소에서 수급에 의해 결정되기 때문에 가격의 변동성이 높다. 현재 중앙은행에서 발행하는 지폐는 중앙에서 가치를 결정해 놓은 것인데 상거래 하는데 아무런 문제가 없다.

현재 지폐의 문제는 가치표시를 일정하게 일방적으로 한 것이 문제가 아니고 아무도 모르게 은밀하게 화폐발행량을 중앙은행에서 무자비하게 찍어내서 문제인 것이다. 가상화폐의 가격은 분산형인 가상화폐의 특성상 무조건 시장의 수급에 맡겨야 한다는 고정관념은 버려도 좋다.

$ 넷째 수량이 적다.

블록체인의 구동 속도가 빠른 것을 개발하면 된다. 채굴속도에 영향을 미치기 때문에 현재의 가상화폐들은 많은 수량을 만들어내지 못한다.

현재 나와 있는 블록체인의 구동 속도를 가지고는 코인의 수량을 많게 할 수가 없다. 수학적 알고리즘이 복잡하지 않게 설계하면 해킹의 위험이 있어서 어렵게 만들어야 하고 당연히 구동 속도에 채굴이 영향을 받게 된다. 화폐는 무조건 수량이 많아야 한다. 그래야 화폐 자체의 하이퍼인플레이션이 없다. 화폐가 인플레이션이 심하면 상거래에서 외면당한다.

$ 다섯째 거래소가 반드시 있어야 한다.

P2P의 개념이 가상화폐의 기본 전제 조건인데 거래소는 필요조건이 아니다. 충분조건일 뿐이다. 없어도 된다. 하지만 현재 코인들은 거래소가 없으면 무용지물이다. 투기의 대상이기 때문이다.

미국이 힘으로 막으면 가상화폐는 실패한다?

로미오와 줄리엣의 사랑을 어떤 힘으로도 못 막은 원인은 무엇일까? P2P이기 때문이다. 자유주의 사상이 근대 시민국가의 기본이다.

어떤 외부의 힘으로 P2P의 거래를 방해하면 그 비용이 훨씬 더 많이 발생한다. 가상화폐의 수요는 반드시 존재한다.

💲**첫째** 해외 노동자들이 자국으로 송금하는 소액 해외송금에 최적인 것이 가상화폐이다. 년간 6,500억 달러 이상의 수요를 가지고 있다.

💲**둘째** 인터넷이 일상으로 되면서 국제거래가 기본이다. 국제거래는 화폐단위가 틀리고 물리적 지폐가 움직여야 하는 문제로 시간과 많은 비용이 발생한다.

💲**셋째** 해외 상거래 결제대금 송금이다. 지금은 글로벌 시대로 해외 직구가 보편화된 지 이미 오래이다. 또한 기업들의 해외 무역대금 결제 규모도 상당하다.

💲**넷째** 저축이나 투자 수단으로 유용하다. 가치가 안정적이고 물가 상승을 반영한 금과 같은 속성이 있는 가상화폐의 특성상 이 기능을 수행하기 충분하다.

💲**다섯째** 자금세탁, 무기거래 그리고 불법거래 등을 방지하기 위해 반드시 필요하다. 현재 지폐 시스템에서는 이런 거래가 만연한다. 법으로 아무리 규제해도 사각지대가 생기기 마련이다. 그러나 KYC를 엄격하게 준수하는 가상화폐를 사용하면 이런 문제는 한방에 해결된다.

💲**여섯째** 거래비용을 줄이기 위해 꾸준히 노력해온 결과에 잘 부응하는 화폐시스템이다.

가상화폐 거래소가 반드시 필요하며 거래소에 등록 안 된 코인은 가짜다?

대단히 그럴 듯한 얘기라서 이 말이 참인 것으로 믿을 수 있다. 그러나 눈에 보이는 것은 대부분 진리를 반영하고 있지 못하다는 것을 우리는 수없이 보아왔다. 진짜 코인은 거래소에서 거래되기 이전에 이미 진짜 코인인 것이다.

거래소에 등록되고 안 되고는 거래소 사장이 마음대로 정하는 것이다. 거래소 사장이 수수료 수입에 도움이 되면 거래소에 등록할 것이고 그렇지 않으면 언제든 등록을 취소할 것이다.

요즘 ICO를 진행하는 대부분의 코인들이 주장하는 내용이, "언제 유명 코인 거래소에 등록한다."이다. 가상화폐 코인은 P2P가 원래의 가치이다. 화폐는 개인 간 상거래를 위해 필요한 것이지 거래소에서 시세차익을 노리고 투기하는 대상이 아니다.

거래소는 해외로 송금하기 위해 코인을 구입하고 환전하는 장소로서의 역할, 즉 지금의 은행 업무에 한정되어야 한다.

지금의 코인거래소는 카지노와 무엇이 다른가? 비트코인이나 이더리움은 개인 간의 상거래가 발생하기 대단히 어렵다. 거래시마다 일일이 화폐가치를 서로 평가하여야 하기 때문이다. 물건 값을 흥정하는 것보다 이것이 훨씬 더 어렵다. 상거래가 발달하면서 실물화폐가 사용되기 어려운 이유 중의 하나가 바로 이 문제이다.

지금 코인거래소에서 코인을 구매하는 모든 사람들은 시세차익을 얻는 것이 목적이다. 무슨 물건을 사기 위해 코인을 구매하지 않는다. 물론 ICO를 진행하는 쪽에서 대금을 비트코인이나 이더리움으로 요구하기 때문에 거래소에서 구매하는 경우는 조금 틀린다. 하지만 이것도 코인거래소가 없어지면 ICO를 진행하는 쪽에서는 비트코인이나 이더리움을 원하지 않을 것이다.

진정한 코인은 거래소에 등록여부와 아무 상관없이 그 자체가 가치를 가진 코인이다. P2P로 개인간 상거래가 이루어지는 코인만이 진정한 코인이다.

전 세계 각국 정부가 코인거래소를 폐쇄하면 현재의 가상화폐

전부가 소멸할 위험이 대단히 높다. 실제 상거래에서 사용되지 못하기 때문이다. 화폐란 거래소와 상관없이 개인 간 상거래의 매개체로서 사용되어져야 하나 비트코인을 비롯한 모든 화폐들은 가치가 불안정하고 수량이 적어서 화폐로서 유용성이 없다. 거래소는 코인의 보완관계에 있을 뿐이다. 거래소가 있으면 해외송금 거래에 편할 뿐이다.

중국이 거래소를 폐지하자 중국의 비트코인이나 이더리움 소지자들의 코인은 무용지물이 되어 해외로 이동하는 현상이 생기고 있다. 거래소의 폐지는 단순 투기장으로서 기능뿐이므로 폐지해도 합리성이 있어 보인다.

코인 백서가 공개되어야 진짜 코인이다?

블록체인을 기반으로 개발된 코인의 백서를 공개하는 이유는 단 하나다. 전자적 신호로 개발된 코인이라는 뜻뿐이다. 코인의 유용성은 언급이 없다. 비트코인 백서는 기술적인 문제보다는

1. 비트코인의 정의는 디지털 서명의 연속된 체인이다.

2. 탈중앙화된 화폐로서 공개키 암호방식을 통한 소유권 관리
3. 공개적 거래를 기록할 수 있는 작업 증명 합의 알고리즘 P2P
4. 합의 매커니즘을 위한 규칙과 보상
   등을 서술한 개념적 논문에 가깝다.

이더리움 백서는 좀 더 상세한 기술 설명을 곁들여진 것이 비트코인 백서와 다르다. 보통사람들은 보아도 무슨 얘기인지 잘 모른다. 백서라고 하니 백서인 것뿐이다.

코인 회사 스스로가 발표하는 백서보다 더 신뢰할 만한 것은 제3의 신뢰 있는 기술감사기관이 기술감사 보고서를 매월 발표하는 것이 훨씬 신뢰할 수 있다.

1. 코인이 블록체인을 바탕으로 개발되었다는 내용
2. 코인 채굴이 블록체인 외부에서 이루어지지 않으며 모든 코인들은 블록체인에 기록되어 있는지 여부
3. 블록체인 거래내역이 처음부터 최종까지 연속적으로 단절없이 기록되고 있는지 여부

이런 내용을 담은 기술감사 보고서를 발간하는 것이 보통사람들에게는 더욱 신뢰를 줄 것이다. 이것은 코인 회사가 자발적으로 독립된 대외신인도 높은 감사회사를 선정하여 매월 감사를 받고

그것을 공표해야 한다.

국가 법률규제 사항에 이런 내용을 삽입하면 사기 코인은 쉽게 사라질 것이다.

자체 백서의 발표 여부는 그다지 중요하지 않다. 발표할 이유가 있으면 발표를 하고 그럴 필요가 없으면 안 하면 되는 것이다.

채굴 소스가
반드시 공개되어야 한다?

비트코인 개발자 사토시 나카모토는 먼저 100만 개를 채굴하고 채굴소스를 일반에게 오픈하였다고 한다. 이더리움은 먼저 ICO를 실행한 후 전문가들에게 채굴소스를 오픈하였다고 한다. 그런데 보통사람들은 채굴소스를 봐도 도저히 이해가 되지 않는 컴퓨팅 프로그램언어이다

지금 시중에서 소스프로그램을 공개하지 않은 코인은 가짜다 하는 얘기들이 많다. 소스를 오픈해도 가짜가 많고 안 해도 많다. 일반인들은 알지도 못하는 소스프로그램을 오픈해서 진짜라면 무슨 의미가 있는가? 결국 오픈하나 안 하나 모르는 것은 마찬가지 이다.

오픈소스 프로그램은 자주 해킹을 당하는 사례가 많았다. 개인 PC에 멀웨어를 심어 놓고 코인을 채굴하면 다른 지갑으로 전송하여 버린다. 마이닝풀도 동일한 현상을 많이 겪고 있다. 채굴소스를 오픈하면 비슷한 코인들이 우후죽순 발생하여 많은 피해사례가 나타났다.

어떤 코인은 채굴소스를 공개하지 않고 본사가 채굴장을 차려 놓고 채굴을 대행하는 코인도 있다. 이런 이유는 위의 문제를 해결함과 동시에 어느 특정개인이 컴퓨팅 파워를 과점하여 의사결정시 사익추구를 방지할 수 있는 코인이다.

중앙관리형 가상화폐는 문제가 있다?

이런 생각을 하는 사람들은 고정관념에 집착하여 자기의 기준을 바꾸지 못하는 사람들이다. 비트코인이 분산형이고 대부분 코인들이 분산형이라고 해서 중앙관리형 코인이 문제가 있다고 주장한다. 언뜻 보면 맞는 말 같지만 다시 심각하게 생각해야 한다. 지식이 진리가 아니다.

화폐의 본질적 기능은 가치의 안정을 가지고 있어야 상거래에

용이하게 쓰일 수 있다. 분산형 코인들은 가치의 변동성이 너무 커서 실제 상거래에 사용되기 어렵다.

현재 중앙집권형인 법정화폐인 지폐는 가치를 중앙에서 결정하였는데 상거래에 대단히 잘 사용하고 있다. 가상화폐가 분산형으로 관리자 없이 가치의 결정은 시장의 수급에 의해 결정되는 것이 맞다고 주장하는 사람은 그 기준이 불변이라고 생각하는 고정관념에 사로 잡혀 있을 뿐이다.

오히려 중앙관리형 코인이 가치의 안정성을 유지하는 데 훨씬 좋다면 그렇게 안 할 이유가 어디 있는가? 중앙관리형이라서 무조건 안 된다고 생각하기 보다는 중앙관리형으로서 생길 수 있는 문제가 무엇인지 그것을 해결할 수 있는지 생각하는 것이 합리적인 사고이다.

지금까지 비트코인이나 이더리움의 가상화폐가 상거래에 사용되지 못하고 투기의 대상으로 전락한 가장 큰 이유는 가치의 변동성이 너무 심하기 때문이다. 이 부분만 해결하면 일반 상거래에 사용되는 화폐로서 기능을 하는 범용화폐가 될 수 있다.

가치의 변동성이 심한 것이 원래의 가상화폐 본질적인 특성이고 이것을 훼손하는 것은 가상화폐가 아니라고 주장하는 것은 지식에 얽매이는 모습이다.

코인을 공짜로
나누어 준다?

2017년 초쯤인가 잘 아는 지인이 나에게 전화를 걸어왔다. 미국 유명한 금융가문에서 1경인가 큰돈을 투자해서 멋진 코인을 개발했는데 여권과 주민증만 주면 3만 개씩 준다는 것이었다.

한 마디로 딱 잘랐다.

"내 것까지 친구 자네나 갖게."

만약 내가 그 코인을 가지고 옆에 빵집에 가서 빵과 교환하려 한다면 빵집 주인은 어떻게 반응할까요? 불을 보듯 뻔한 것이다.

"니도 공짜로 얻었거든."

금을 무상으로 대한민국 전 국민에게 나누어 준다면 과연 금이 금 노릇할까? 물론 그럴 리 없다는 것을 우리는 잘 알고 있다. 금광산주는 피 같은 돈을 투자해서 금을 취득했기 때문에 공짜로 나누어줄 일이 없다. 금광산주도 돈을 투자하지 않고 얻은 금이라면 무상으로 나누어 줄 수도 있다.

그러면 금이 금 노릇을 할 수가 없다.

카드에 코인을
담아 쓸 수 있다?

신용카드에 코인을 담아서 사용할 수 있는 카드가 있다고 주장하는 경우가 왕왕 있다. 어떤 코인회사는 이렇게 우리 코인이 현재 신용카드에 담아서 사용할 수 있기 때문에 앞으로 사용이 편리하고 유용하여 인기가 올라갈 것이라고 주장한다. 일견 그럴 듯한 말처럼 들린다.

신용카드와 코인은 동시 병행할 수가 없다.

신용카드는 아날로그 바탕이고 코인은 디지털 기술 바탕이다. 코인은 e-wallet이라고 하는 디지털 전자지갑에 보관이 되고, 전송은 그 코인의 블록체인 시스템 내부에서 P2P의 기술로 이루어진다. 신용카드는 제3자 신용기관인 카드사를 통하여 승인이 이루어진다.

시중에 이런 유형의 카드가 있는 것으로 안다. 하지만 필자는 본 적이 없다.

보지 않아도 뻔한 일이다. 어떤 신용카드를 단말기에 읽히면 코인 전자지갑에 있던 코인을 거래소에 자동으로 매각하여 기존 은행통장 잔고로 코인 대금이 입금이 되고, 그 대금이 선불카드에 충전되어 결제가 되는 시스템으로 이루어 질 것이 분명하다.

이와 같이 결제 시스템이 이루어지면 너무 복잡한 여러 단계를 거치게 된다. 당연히 코인 거래소의 거래수수료와 신용카드사 수수료가 발생하여 비경제적이다. 이것은 가상화폐의 P2P 결제에 따른 제3자 신용기관을 배제하고자 하는 근본적인 취지와 어긋나며 오히려 결제시스템을 더욱 복잡하게 만들 뿐이다.

물론 신용카드처럼 생긴 형태의 전자지갑이 개발될 수 있다. 여기에 보관된 코인을 기존의 신용카드 단말기에 읽히면 디지털 서명이 완성된 것으로 하여 상대방의 전자지갑으로 코인이 전달될 수 있는 기술이 개발이 될 수는 있다. 스마트폰이 신용카드를 대체할 것이다.

아직까지 시중에 보급된 단말기가 디지털 코인을 전송하는 기술과 접목되었다는 소식을 들은 적이 없다. 이것 또한 말로는 쉬운 일이지만 기존의 복잡한 결제시스템과 연결되기는 현실적으로 대단히 어려울 것이란 생각이 든다.

선불카드 발급사로서
회원들만 코인 사용하더라도?

예를 들어 북미에 있는 어떤 선불카드 발급사가 있다고 하자.

이 카드사의 카드 특징은 투카드 시스템이라고 한다. 무기명 선불카드를 동일인이 동일한 카드를 두 개 발급 받는 투카드이다. 이 카드의 주된 수요자는 남미나 멕시코에서 북미로 유입된 불법 체류 노동자로서 자국으로 송금하는 것이 어렵다고 한다.

그래서 이 카드 중 하나를 자국에 보내면 현지에서 일반 신용카드처럼 사용하는 카드다. 그런데 이 카드에 충전할 때 마다 충전비를 지불해야 한다고 한다.

이 카드사가 발행한 코인을 미리 사 둔 후 북미 불법체류자들이 충전비용으로 코인을 대신 구매하도록 하면 코인에 대한 수요가 많기 때문에 향후 코인 가격이 상승할 수 있다.

이런 주장으로 코인에 투자 권유를 받았다고 하면 어떻게 할 것인가?

$첫째 카드 충전시 비용을 지불하는 것인데, 코인을 사라고 하는 것이 논리적 모순이다. 비용 대신 지불해서 받은 영수증 개념의 코인이 가치를 가질 수 없다. 불법 체류자들이 받은 코인이 화폐적 가치를 가질 수 없다는 뜻이다. 카드 발급사는 현재 이미 달러로 비용을 받고 있는데 대신 코인을 발행하여 충전비를 코인을 매개로 받는 행위는 비경제적 논리이다.

$둘째 불법체류자들의 숫자가 많아서 카드 충전시 사는 코인의

수요가 많기 때문에 가격이 코인의 가치가 상승한다는 것은 순간적 착각이다. 비용을 지불하고 영수증으로 받은 코인은 가치를 가질 수 없다. 코인의 획득은 반드시 가치를 지불하고 얻어야 남들이 코인의 가치를 인정하게 된다.

노동자들이 코인을 영수증용이 아니고 그냥 돈을 주고 샀다면 그것은 또 다른 이야기가 된다. 이런 주장을 들어 보면 순간 그럴 듯하지만 현실성이 없는 주장이라는 것을 우리는 알 수 있다.

코인 발행사가 코인을 되사준다?

이렇게 주장하며 코인을 개발하여 판매하는 코인 개발사들이 존재한다. 일반적으로 정상적인 화폐로서 유용성이 있는 코인들이 시장에서 가치 있게 통용되려면 반드시 시간이 흘러야 된다는 것을 이미 앞에서 살펴보았다.

그렇다 보니 코인에 투자하여 돈을 조금 벌어 보고자 하는 보통 사람들의 조급한 마음을 이용하는 것이다. 자기가 판매한 코인을 일정한 기간이 지나면 예정된 가격에 재구매해 줄 것이니 투자하라고 권유를 한다.

이렇게 안전한 투자가 어디 있겠나 싶어서 덥석 투자를 하는 것을 필자는 몇 번 보았다.

세상에 !!! 이런 것은 존재할 수 없다.

100원에 팔고 200원에 되사준다?

이런 거래는 거래가 아니다. 우선 거래란 내가 있고 네가 없어야 거래가 이루어진다. 나도 너도 둘 다 같은 것이 있으면 거래가 안 된다. 코인회사도 나도 코인이 있는데 코인을 거래한다는 것은 논리적 모순이다.

어떤 경우라도 이런 주장은 타당할 수가 없다.

비트코인의 가격이 2,000만 원까지 아니 1억 원까지 올라간다?

요즘 이런 주장이 연일 매스컴을 뜨겁게 달구고 있다. 또 어떤 이는 이더리움이 비트코인을 제치고 코인의 왕좌에 오를 것이라고 주장하기도 한다.

우리 보통사람들은 어떻게 생각해야 할 것인가?

〈출처 : http://www.yonhapnews.co.kr/bulletin/2017/10/13/02000000
00AKR20171013008500072.HTML〉

이런 논란이 우리 보통사람들에게 무슨 의미가 있을까?

사회가 돌아가는 중요한 시사의 하나라서 우리가 정답을 반드시 맞추어야 하는가? 맞추지 못하면 시대에 뒤처진 바보 같은 느낌을 받는 것 같기도 하다.

필자는 이런 논란을 무시하는 편이다. 나하고 아무 상관이 없는 것이기 때문이다. 비트코인이 실물경제와 연계가 되면서 가격이 움직인다면 우리는 반드시 필요한 지식으로서 인식해야 한다.

그러나 이미 단순 도박장으로 변해버린 거래소에서 발생하는 일이기 때문이다. 라스베이거스에서 잭팟이 터졌다고 세상이 조금도 변하지 않기 때문이다.

비트코인이 한 개에 천 억 원이 간다고 해도 세상은 조금도 변하지 않기 때문이다. 필자는 그런 코인을 사서 도박을 감행하여 이익을 벌 만큼의 용기가 없기 때문에 아예 무시를 한다. 비트코인으로 돈을 벌었다고 하는 사람이 있으면 조금은 배가 아픈 것은 사실이지만 말이다.

비트코인 하나에 1억이 갈 수 있다.

비트코인 도박장에 뛰어든 사람들이 많아지면 불가능한 일도 아니다. 어차피 zero sum game의 특성상 그 돈이 어디로 가겠는가? 한국에 머물러 있겠지. 아니면 지구상에 머물러 있겠지. 그러나 비트코인은 국제적으로 순식간에 움직이는 돈의 특성이 있음을 반드시 유의해야 한다.

로또 복권이 처음 나왔을 때가 생각난다. 1,000원이 몇 백억의 행운을 가져다준다는 생각에 수많은 사람들이 길게 줄을 서서 기다리던 풍경이 지금도 눈에 선하다. 시간은 돈이다. 국민생산성을 떨어뜨리는 그 풍경을 위정자들은 더 이상 방치할 수 없었다. 결국은 1등 당첨금을 줄이는 쪽으로 그 문제를 해결하였다.

비트코인을 없앨 수 없지만 코인 거래소는 금지시킬 수 있음을 명심해야 할 것이다. 도박을 없앨 수 없지만 도박장의 개설은 금지할 수 있기 때문이다.

코인거래소가 없어지면 P2P거래를 통해 비트코인 가격이 과연 그렇게 높게 책정될 것인가? 한 마디로 불가능하다. 진정한 코인은 거래소가 없어도 개인 간 상거래의 거래매개용으로서 즉 화폐로서 기능을 할 수 있어야 도박의 수단으로 전락하지 않을 것이다.

대기업이
개발한 코인이다?

　이런 질문을 받게 되면 참으로 대답하기 어려운 것이 사실이다. 대기업의 자금력과 전문가들이 모여 있는 집단이란 것을 잘 알고 있기 때문이다.

　상품은 사용하면 소모되는 소모품이다. 화폐는 반복 사용하는 거래 매개수단인 것뿐이다. 이미 익숙한 수단이 있는데 불편한 수단으로 쉽게 바꾸지 않는다. 화폐는 적당한 수량이 완료가 되면 더 이상의 화폐는 필요가 없다. 거래할 때 불편하지 않으면 되기 때문이다. 화폐 그 자체는 가치를 가지고 있지 않다.

　상품은 그 자체에 가치를 가지고 있다. 개인의 수요가 세상의 변화에 맞추어 변하기 때문에 상품은 끊임없이 변하고 발전한다. 당연히 자금력과 기술력이 있는 대기업이 우위에 서는 것은 당연한 이치이다.

　코인은 화폐란 것을 생각하면 쉽게 답을 찾게 된다. 먼저 바람직한 것이 나와서 자리를 잡으면 후발 코인은 쉽지 않다.

마치며

글을 처음 시작하면서 걱정하던 일이 하나 있었다. 하루가 다르게 변하는 가상화폐 세계가 내가 이 책을 탈고할 때 쯤 몇 개월에 걸쳐 쓴 글을 혹시 쓸모없게 만들지 않을까 하는 일이었다.

정말로 큰 변화가 있었는데 다행히도 그 변화는 내가 예측했던 방향으로 변한 것이어서 천만다행이다. 그래도 하나 예측하지 못한 것은 중국이 거래소까지 폐쇄하는 초강수를 둘 줄은 몰랐다.

큰 변화 중 첫째가 ICO의 금지였다. 중국에서 시작하여 한국을 거쳐서 전 세계로 번져가는 분위기이다. 간간이 몇몇 사람들이 ICO를 금지하는 것은 블록체인의 기술발전을 저해하는 악수라고 주장하고 있다.

급기야 세계적으로도 유명한 돈 스탭곳이라는 미래학자도 2017년 11월 모일간지 인터뷰에서 한국의 ICO금지는 큰 잘못이라고 지적한다. 누구의 주장이 맞는 지는 시간이 지나고 사회적 합의가 이루어지면 알게 될 것이다.

둘째가 코인거래소 금지였다. 필자는 책 속에서 거래소의 폐단에 대해 몇 번 지적하였다. 보통사람들에게 잘못된 인식을 심어주기에 충분할 정도로 많은 폐단을 보여주었다. 급기야 베트남에서는 모든 가상화폐의 사용을 금지하고 과태료까지 부과한다는 방침을 공표했다는 것이 매스컴을 탔다.

셋째가 러시아가 국가 화폐를 디지털 화폐로 전환하라는 푸틴 대통령의 명령이 있었다. 중국도 인민은행에서 이전부터 깊이 연구되는 분위기였고 일본은 미쓰비시 은행과 미즈호 은행이 가상화폐를 개발하기로 합의했다는 소식이 발표되었다.

한 발 더 나아가 일본은 이제 몇 개의 은행이 연합해서 하나의 가상화폐를 개발하여 화폐의 통일을 이룩하는 움직임까지 감지되고 있다.

넷째가 대기업들이 가상화폐 거래소 산업에 뛰어든다는 것이다. 코빗을 넥슨이 인수했다는 소식과 포스링크에서 거래소를 신규로 오픈하기도 했다는 소식이 전해졌다.

이제는 가상화폐가 우리 손에 곧 잡힐 것이다. 지금은 거래소에서나 투기형태로 움직이지만 향후는 우리 실생활에서 상거래를 하는 매개수단으로 사용되어질 날이 그리 멀지 않은 것 같다.

불가리아에 있는 한 자동차 딜러는 한국 KIA자동차의 스포티